Vente des 26-28 Novembre 1903

(HOTEL DROUOT)

CATALOGUE

DE

LIVRES MODERNES

ROMANTIQUES

ÉDITIONS ORIGINALES D'AUTEURS CONTEMPORAINS

LIVRES ILLUSTRÉS — BEAUX-ARTS

COMPOSANT LA

BIBLIOTHÈQUE DE M. ED. T***

PARIS

LIBRAIRIE HENRI LECLERC

219, RUE SAINT-HONORÉ, 219

ET 16, RUE D'ALGER

1903

CATALOGUE

DE

LIVRES MODERNES

LA VENTE AURA LIEU

Les Jeudi 26, Vendredi 27 et Samedi 28 Novembre 1903

A 2 HEURES PRÉCISES

HOTEL DES COMMISSAIRES-PRISEURS, 9, RUE DROUOT

Salle N° 10

Par le Ministère de Mr **MAURICE DELESTRE**, commissaire-priseur

5, RUE SAINT-GEORGES, 5

Assisté de **M. HENRI LECLERC**, libraire

219, RUE SAINT-HONORÉ, 219

ET 16, RUE D'ALGER

Voir l'Ordre des Vacations à la fin du Catalogue

CONDITIONS DE LA VENTE

La vente se fait au comptant.

Les acquéreurs paieront 10 p. 100 en sus du prix d'adjudication.

Les livres vendus devront être collationnés sur place dans les vingt-quatre heures de l'adjudication. Passé ce délai, ils ne seront repris pour aucune cause.

M. Leclerc se réserve la faculté, dans l'intérêt de la vente, de réunir ou de diviser les numéros du catalogue. Il remplira les commissions qu'on voudra bien lui confier.

CATALOGUE

DE

LIVRES MODERNES

ROMANTIQUES

ÉDITIONS ORIGINALES D'AUTEURS CONTEMPORAINS

LIVRES ILLUSTRÉS — BEAUX-ARTS

COMPOSANT LA

BIBLIOTHÈQUE DE M. ED. T***

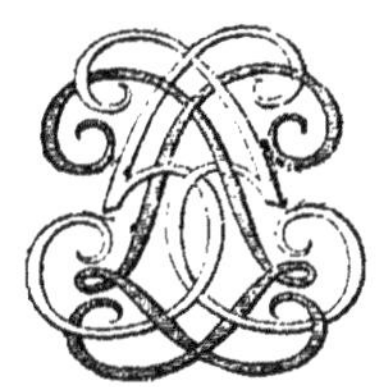

PARIS

LIBRAIRIE HENRI LECLERC

219, RUE SAINT-HONORÉ, 219
ET 16, RUE D'ALGER

—

1903

CATALOGUE

DE

LIVRES MODERNES

LIVRES MODERNES, ILLUSTRÉS

1. **Apulée**. L'Ane d'or ou la Métamorphose. Traduction de Savalète, préface de J. Andrieux, avec nombreuses gravures, dessinées par A. Racinet et P. Bénard. *Paris, Firmin Didot*, 1868, in-8, fig., demi-rel. vélin blanc, tête dor., non rog.

   Texte imprimé dans un encadrement rouge et noir.

2. **Arioste**. Roland furieux, traduction par V. Philipon de la Madelaine. Édition illustrée de 300 vignettes et de 25 planches tirées à part, sur chine, par MM. Tony Johannot, Baron, Français et C. Nanteuil. *Paris, Mallet*, 1844, in-8, fig., demi-rel. chag. violet, tête dor., ébarbé.

   Premier tirage.

3. **Aucassin et Nicolette**. Chantefable du XIIe siècle, traduite par A. Bida. Revision du texte original et préface par Gaston Paris. *Paris, Librairie Hachette*, 1878, in-8, cartonn., demi-parch. vert, ébarbé. (*Couvert.*)

   Exemplaire imprimé sur papier Whatman, texte encadré d'un filet rouge, illustré de 9 eaux-fortes avant la lettre.

4. **Balzac** (H. de). Les Contes drolatiques, mis en lumière par le sieur de Balzac. Cinquiesme édition, illustrée de 425 dessins par Gustave

Doré. *Se trouve à Paris ez bureaux de la Société générale de Librairie*, 1855, in-8, fig., mar. La Vall., milieu mosaïque, et doré, fil., doublé de mar. bleu, avec fleuron aux angles, gardes en satin broché, tête dor., ébarbé, couverture. (*Gruel.*)

EXEMPLAIRE DE PREMIER TIRAGE. La couverture de cet exemplaire porte le millésime de 1857.

5. **Beaumont** (Ed. de). L'Épée et les Femmes, par Ed. de Beaumont. 5 dessins de Meissonier tirés hors texte. *Paris, Librairie des Bibliophiles*, 1881, gr. in-8, fig., cartonn., dos de mar. grenat, plats en satin cramoisi avec fleurs tissées en couleur, or et argent, non rog.

Exemplaire imprimé sur PAPIER DE HOLLANDE, avec double épreuve des gravures.

6. **Borel** (Pétrus). Champavert, contes immoraux, par Petrus Borel le Lycanthrope, eaux-fortes par M. Adrien Aubry. *Bruxelles, J. Blanche*, 1872, pet. in-8, papier de Hollande, fig., dos et coins de mar. grenat, tête dor., non rogné.

Édition imprimée à 205 exemplaires avec les figures AVANT LA LETTRE.

7. **BÉRANGER**. Œuvres complètes. Nouvelle édition revue par l'auteur, illustrée de 52 belles gravures sur acier. *Paris, Perrotin*, 1847, 2 tomes en 4 vol. in-8. — Dernières Chansons de Béranger de 1834 à 1851, avec une lettre et une préface de l'auteur. *Paris, Perrotin*, 1857, in-8. — Chansons de Béranger, Supplément. *Paris, chez les Marchands de nouveautés*, 1866, in-8. — Musique des Chansons de Béranger, airs notés, anciens et modernes, par Frédéric Bérat. *Paris, Garnier frères*, 1857, in-8. — Œuvres posthumes de Béranger. Ma biographie, avec un appendice et des notes. *Paris, Perrotin*, 1860, in-8. — Correspondance de Béranger, recueillie par Paul Boiteau. *Paris, Perrotin*, 1860, 4 vol. in-8. — Ensemble 12 vol. in-8, dos et coins de mar. bleu, dos ornés, fil., tête dor., ébarbés. (*Champs.*)

Belle édition, la dernière publiée du vivant de l'auteur.

Les deux volumes de CHANSONS DE 1847 sont ornés de 52 gravures sur acier d'après les dessins de MM. *Charlet, A. de Lemud, Johannot, Daubigny, Pauquet, Jacques, J. Lange* et *Pinguilly*.

5 figures de cette suite : *Le portrait de Béranger; La Descente aux enfers; Le chant du Cosaque; Jeanne la rousse; Les Contrebandiers* et *Le Frontispice du tome 2e* sont en double épreuve : dont une sur *Chine* AVANT LA LETTRE.

On y a ajouté :

1. La suite des 104 figures de *Tony Johannot, Raffet, Grenier, Deveria, Charlet, Isabey*, etc. (édition de 1834) : épreuves sur *Chine*.

2. La suite des 30 figures de *Tony Johannot, Raffet*, etc., avec encadrement ornementé de *Francais*, édition de 1839.

3. La suite des 120 gravures sur bois de *Grandville*, édition de 1836.

4. 40 lithographies coloriées de *Henry Monnier*.

Les DERNIÈRES CHANSONS contiennent : 24 gravures sur acier, d'après les dessins de *Lemud*, en double état : avec et AVANT LA LETTRE.

On y a ajouté : 2 portraits et 24 figures coloriées d'*Henry Monnier*, lithographiées par Gérard.

La MUSIQUE DES CHANSONS contient : La suite des 84 figures de *Grandville*, réimprimée en 1847, *épreuves sur Chine*.

Le volume, MA BIOGRAPHIE, contient : un portrait en pied de Béranger, dessiné par *Charlet*; un autre portrait de Béranger, gravé par *Massard*, d'après *Sandoz*. Épreuve d'artiste sur *Chine* avec les noms à la pointe et 8 figures gravées sur acier, d'après *Daubigny*, *Sandoz* et *Vattier*, en double état : avec et AVANT LA LETTRE sur *Chine*.

On y a ajouté une estampe : *La Chambre mortuaire*, dessinée et gravée par *Normand*, très rare pièce qui n'a été livrée qu'à quelques souscripteurs.

Ce bel exemplaire renferme à peu près toutes les suites de gravures faites pour les diverses éditions du chansonnier; au total, 530 pièces.

8. **Bergerat** (Ém.). L'Espagnole, illustrations de Daniel Vierge, gravées sur bois par Clément Bellenger. *Paris*, *L. Conquet*, 1891, in-16, fig., broché. (*Couvert. illust.*)

Exemplaire imprimé sur PAPIER DE CHINE.

9. **Boccace**. Les Dix journées de Jean Boccace, traduction de Le Maçon, réimprimée par les soins de D. Jouaust, avec notice, notes et glossaire, par P. Lacroix. Onze eaux-fortes par Flameng. *Paris*, *Librairie des Bibliophiles*, 1873, 4 vol. in-8, fig., dos et coins de mar. rouge, dos ornés, fil., têtes dor., non rognés. (*Allô.*)

Un des 15 exemplaires imprimés sur GRAND PAPIER WHATMAN, avec les épreuves des gravures AVANT LA LETTRE.

10. **Bouchot** (Henri). Quelques dames du XVIe siècle et leurs peintres. Ouvrage illustré de 16 planches gravées en fac-simile. *Paris*, *Société de propagation des livres d'art*, 1888, in-4, portr., cartonn. dos et coins papier doré, plats toile, non rog.

11. **BOURGET** (Paul), de l'Académie française. Pastels. Dix portraits de femmes. Nouvelle édition revue et corrigée par l'auteur, illustrations de Robaudi et Giraldon. *Paris*, *Librairie Conquet*, 1895, in-4, en feuilles, renfermé dans un emboitage.

Tirage unique à 200 exemplaires sur PAPIER DU JAPON, illustré par *Robaudi* de 11 portraits de femmes gravés sur cuivre, imprimés en couleurs, 2 fleurons, 11 en-têtes, 10 lettres et 11 culs-de-lampe de *Giraldon*, en couleurs.

Dans cet exemplaire les dix portraits de femmes ont été ornés de fleurs PEINTES A L'AQUARELLE, avec une grande perfection, par *L. Gille*.

12. **Burty** (Philippe). Pas de lendemain. *Paris*, *chez l'auteur* (*Impr. J. Claye*), 1869, in-8 carré de 34 pages, mar. vert, jans., dent. int., tête dor., ébarbé, couverture. (*Gruel.*)

Ouvrage imprimé à très petit nombre pour les amis de l'auteur, orné de deux eaux-fortes, par *Edm. Morin*.

Le faux-titre porte l'envoi suivant : *Exemplaire de mon ami Poulet-Malassis, éditeur de haulte graisse, homme de moult jugement* : PH. B.

13. **Caylus** (Mme de). Souvenirs. Nouvelle édition, avec une introduction et des notes, par M. Charles Asselineau. *Paris*, *J. Techener* (*Typ. Ch. Lahure et Cie*), 1860, in-12, fig., mar. bleu, dos orné, fil., dent. int., tr. dor. (*Hardy.*)

Portrait de Mme de Caylus et 4 figures gravés sur acier, d'après *J. Leman*.

Exemplaire imprimé sur PAPIER DE HOLLANDE contenant une double suite des figures AVANT et avec les cadres.

14. **Cent nouvelles**. Les dix dizaines des cent nouvelles nouvelles, réimprimées par les soins de D. Jouaust avec notice, notes et glossaire par P. Lacroix, dessins gravés de Jules Garnier. *Paris, Librairie des Bibliophiles*, 1874, 4 vol. in-8, dos et coins de mar. rouge, dos ornés, têtes dor.

Un des 15 exemplaires imprimés sur GRAND PAPIER WHATMAN, contenant les gravures en double épreuve avec et AVANT LA LETTRE.

15. **Chants et Chansons** de la Bohème. Henry Murger. — P. Dupont. — G. Mathieu. — A. Watripon. — L. Noël. — Ch. Vincent. — P. Bry. — L. Barré. — B. Gastineau. — Ed. Plouvier. — Alfr. Delvau. — Ch. Guignard. — Abel Duvernoy. — Chatillon. — F. Desnoyers. *Paris, J. Bry aîné*, 1853, in-16, demi-rel. parch. vert, couverture. (*Lemardeley.*)

Édition originale; rare, illustrée de 26 dessins par *Nadar*, gravés par *Sotain*, vignette sur le second plat de la couverture.

16. **CHANTS ET CHANSONS** populaires de la France. *H.-L. Delloye, éditeur, Librairie de Garnier frères, Palais-Royal* (*Paris, Félix Locquin imprimeur*), 1843, 3 vol. gr. in-8, mar. vert, 3 fil. à comp. sur le dos et les plats, dent. int., tr. dor. (*Gruel.*)

PREMIER TIRAGE d'un des plus beaux livres du XIXe siècle, avec texte, musique notée et illustrations sur acier par *E. de Beaumont, Daubigny; Dubouloz; E. Giraud, Meissonier, Pascal, Staal, Steinheil, Trimolet.*

La livraison de la *Marseillaise* a été ajoutée en tête du 3e volume.

Très bel exemplaire, avec témoins, contenant 11 DESSINS ORIGINAUX pour le *convoi de Malbrough* par *Trimolet*; La *Complainte du Juif errant* par *Steinheil*; *L'Enfant prodigue*, 2 dessins par *Langlois* et *Danois*; Les *Infortunes de la comtesse de Saulx* par *Steinheil*; *La Cour ordinaire d'une femme*, 2 dessins par *Nargeot*; *Pauvre Jacques* par *Boilly*; *Richard Cœur de Lion*, 2 dessins par *Raspail* et *Roze*.

17. **Chansons populaires** des provinces de France, notices par Champfleury, accompagnement de piano par J. B. Wekerlin, illustrations par MM. Bida, Bracquemond, Catenacci, Courbet, Flameng, Français, etc. *Paris, Librairie nouvelle, Bourdilliat et Cie*, 1860, gr. in-8, fig., cartonn. demi-mar. bleu à longs grains, fil., non rog., couverture. (*Lemardeley.*)

PREMIER TIRAGE, complément des *Chants et chansons populaires de la France*, édition Delloye, 1843.

18. **Chateaubriand**. Atala. — René. Par Fr. Aug. de Chateaubriand. *A Paris, chez Le Normant*, 1805, in-12, fig., veau jaspé, dos orné, dent., tr. dor. (*Rel. anc.*)

Première édition donnée par l'auteur, ornée de 6 figures par *Barth, Garnier*, gravées par *Saint-Aubin* et *Choffard*.

19. **Chefs-d'œuvre antiques**. *Paris, Quantin*, 1878-1889, 11 vol. in-32, illustr. de Méaulle, Poirson, Scott, brochés. (*Couvertures.*)

Apollonius de Rhodes, Jason et Médée; Catulle, Odes à Lesbie et épithalame de Thétis et Pélée; Horace, Odes et épodes, chant séculaire; Longus, Daphnis et Chloé; Lucius, L'Ane; Musée, Héro et Leandre; Ovide, Les Amours; Properce, Les Élégies; A. Tatius, Leucippe et Clitophon; Théocrite, Les Idylles; Virgile, Les Bucoliques.

Ces 11 volumes sont imprimés sur PAPIER DU JAPON.

20. **Chennevières** (Philippe de). Les Contes normands, par Jean de Falaise avec les dessins de l'ami Job. (Ernest Lafontan.) *Caen, de l'imprimerie de A. Hardel*, 1842, in-16, cartonn. demi-mar. rouge, non rogné. (*Couvert.*)

Ouvrage orné de lithographies, imprimé à petit nombre d'exemplaires et non mis dans le commerce.

21. **Chevigné** (Comte de). Les Contes rémois par M. le Comte de C. (Chevigné). Dessins de E. Meissonier. Troisième édition. *Paris, Michel Lévy frères*, 1858, in-8°, portr. et fig., mar. rouge, dos orné, dent. int., non rog., couverture. (*De Samblanck.*)

Exemplaire de PREMIER TIRAGE, imprimé sur GRAND PAPIER VÉLIN.

22. **Cohen** (Félix). L'Opéra. Eaux-fortes et quatrains par un abonné (Félix Cohen). *Paris, Librairie des Bibliophiles*, 1876, in-12, portraits gravés à l'eau-forte, mar. citron, jans., dent. int., tr. dor. (*Gruel.*)

Exemplaire imprimé sur PAPIER DE CHINE, avec le quatrain suivant de l'auteur sur le feuillet de garde :

Je voulais vous donner, en guise de préface
Le profil solennel de M. Halanzier :
Mais à le supprimer j'ai dû me résigner,
Au moment de poser, il a fait la grimace.

23. **Claretie** (Jules). Un Livre unique. L'Affaire Clémenceau, peinte et illustrée. *Paris, Gazette des Beaux-Arts*, 1880, in-4 de 24 pages, cartonn. dos et coins de mar. grenat, non rog., couverture. (*Pierson.*)

Notice sur un exemplaire unique de l'*Affaire Clémenceau* que possédait Alexandre Dumas fils; elle a été imprimée à très petit nombre, et est illustrée d'un portrait de l'auteur, de 2 planches hors texte gravées à l'eau-forte et de dessins dans le texte par *E. de Beaumont, G. Boulanger, V. Géraud, Bonvin, Meissonier, Hédouin, J. Jacquemart*, etc.

24. **Collection Monnier** et de Brunhoff. *Paris*, 1885-1886, 10 vol. in-8 carré, fig., la plupart cartonnés en étoffe brochée. (*Couvert. illustrées.*)

Ange Bénigne (Mme la comtesse de Molènes). A demi-mot. Illustrations de *J. Parys* et *J. Roy*.

A. Carel. Folles de leur corps. Illustrations de *Hope*.

Dubut de Laforest. Contes à la paresseuse, illustrations de *Destez, Fau, Galice, Gambard, Lunel, Willette*, etc.

Ch. Foley. Les Saynètes, décors de M. *J. Roy*. Exemplaire contenant 9 ÉPREUVES D'ESSAI SUR CHINE ajoutées.

Guy de Saint-Mor. Péchés mortels, illustrations de *F. Bac, Destez, Adr. Marie, Rochegrosse*, etc.

Le Livre de Pochi, écrit pour Judith Cladel et ses petites amies par *P. Arène*,

Jean Bernard, J. Claretie, Alph. Daudet, illustrations de *Ary Gambard* et *Lunel*.

Ed. Monnier. Histoires débraillées, illustrées par de joyeux artistes, *Willetti*, etc.

Catulle Mendès. Lila et Colette. Illustrations de *Gambard* et *Roy*.

A. de Nouval. Contes salés. Illustrations de *J. Roy*.

J. Peladan. Femmes honnêtes. 12 compositions de *José Roy*.

25. **Constant** (Benjamin). Adolphe. *Paris, L. Conquet*, 1889, in-12, vélin, non rogné. (*Couvert.*)

Portrait gravé par *Courboin* d'après *Desmarais*, préface par P. Bourget.

Un des 200 exemplaires imprimés sur papier vélin, non mis dans le commerce.

26. **Contes en vers** imités du Moyen de parvenir, par Autreau, Dorat, Grécourt, La Fontaine, B. de la Monnoye, Plancher de Valcour, Regnier, Vergier, etc., avec les imitations de M. le comte de Chevigné et celles d'Épiphane Sidredoulx (E. de Beaurepaire) publiés par un membre de la Société des bibliophiles gaulois. *Paris, L. Willem*, 1874, pet. in-8, fig., dos et coins de mar. citron, dos orné, fil., tête dor., ébarbé. (*Gruel.*)

Ouvrage publié comme complément à l'édition du *Moyen de parvenir*, imprimé à petit nombre aux frais et pour le compte des souscripteurs, non mis dans le commerce.

Exemplaire imprimé sur PAPIER WHATMAN, avec un tirage à part des vignettes, tiré en bistre sur CHINE.

27. **Contes** et **nouvelles** en vers par Voltaire, Vergier, Sénecé, Perrault, Moncrif et le P. Ducerceau, Grécourt, Saint-Lambert, Champfort, Piron, La Monnoye et François de Neufchâteau. *Paris, Leclerc fils* (*de l'Impr. de Ch. Lahure*), 1862, 2 vol. in-12, fig., mar. bleu jans., chiffre aux angles des plats, dent. int., tr. dor. (*David.*)

Ouvrage illustré de 46 vignettes en tête des pages gravées par *Duplessis-Bertaux*. Les titres contiennent les portraits de *Voltaire* et de *Grécourt*.

28. **Delvau** (Alfred). Les Cythères parisiennes. Histoire anecdotique des Bals de Paris, avec 24 eaux-fortes et un frontispice de Félicien Rops et Émile Thérond. *Paris, E. Dentu*, 1864, in-12, dos et coins de mar. bleu, jans., tête dor., ébarbé, couverture. (*Gruel.*)

ÉDITION ORIGINALE.

Un des quelques exemplaires imprimés sur PAPIER VERGÉ.

29. **Delvau** (Alfred). Les Heures parisiennes. *Paris, Librairie Centrale, 9, rue des Beaux-Arts*, 1872, in-12, fig., demi-rel. veau fauve, tête dor., ébarbé.

25 eaux-fortes d'*Émile Benassis*. Édition précédée de l'Histoire du Livre d'Alfred Delvau intitulé *Heures parisiennes*, accompagnée de 3 lettres d'Alfred Delvau, d'un portrait de Delvau, gravé à l'eau-forte par *H. Valentin*, et suivie de la réimpression des sept cartons de textes supprimés.

30. **Delvau** (Alfred). Histoire anecdotique des Barrières de Paris, par Alfred Delvau, avec 10 eaux-fortes, par Émile Thérond. *Paris*,

E. Dentu, 1865, in-12, dos et coins de mar. orange, dos orné, tête dor., ébarbé. (*Couvert.*)

ÉDITION ORIGINALE.

31. **Delvau** (Alfred). Histoire anecdotique des cafés et cabarets de Paris, avec dessins et eaux-fortes de Gustave Courbet, Léopold Flameng et Félicien Rops. *Paris, Dentu*, 1862, in-12, fig., dos et coins de mar. vert clair, tête dor., ébarbé, couverture. (*Gruel.*)

ÉDITION ORIGINALE. Un des quelques exemplaires imprimés sur PAPIER DE HOLLANDE.

32. **Diable à Paris** (**Le**). Paris et les Parisiens, mœurs et coutumes, caractères et portraits; texte par MM. G. Sand, P. J. Stahl, L. Gozlan, Fr. Soulié, Ch. Nodier, de Balzac..... Illustrations : Les Gens de Paris, séries de gravures avec légendes par Gavarni. Paris Comique, vignettes par Bertall. *Paris, publié par J. Hetzel*, 1845-1846, 2 vol. gr. in-8, fig., cartonn., dos et coins de mar. grenat, ébarbés. (*Carayon.*)

PREMIER TIRAGE, orné d'un très grand nombre de figures dans le texte et de 212 planches hors texte.

Couverture illustrée au tome Ier, datée de 1845, répétée en tête du tome second.

33. **Dieulafoy** (Jane). La Perse, la Chaldée et la Susiane. Relation de voyage contenant 336 gravures sur bois, d'après les photographies de l'auteur, et deux cartes. *Paris, Librairie Hachette*, 1887, in-4, fig., cartonn. toile brune, non rog. (*Couvert.*)

ÉDITION ORIGINALE.

34. **Droz** (Gustave). Monsieur, Madame et Bébé. Édition illustrée par Edm. Morin, et ornée d'un portrait de l'auteur, gravé par Léopold Flameng. *Paris, Victor Havard*, 1878, gr. in-8, fig., cartonn., dos et coins de mar. vert foncé, non rog., couverture. (*Pierson.*)

PREMIER TIRAGE des dessins d'*Edmond Morin*. Exemplaire imprimé sur PAPIER WHATMAN.

35. **Du Camp** (Maxime). Une Histoire d'amour. Un portrait gravé par A. Lamotte, huit compositions de P. Blanchard, gravées par Buland. *Paris, Librairie L. Conquet*, 1888, in-16, fig., mar. rouge, comp. de fil. sur le dos et les plats, dent. int., tête dor., ébarbé. (*Gruel.*)

EXEMPLAIRE imprimé sur PAPIER DU JAPON.

36. **Dupont** (Pierre). Chants et Chansons (poésie et musique), ornés de gravures sur acier, d'après T. Johannot, Andrieux, C. Nanteuil, Andrieux, Gavarni. *Paris, Alex. Houssiaux*, 1853-1859, 4 vol. pet. in-8, portrait et fig., dos et coins de mar. rouge, dos ornés, têtes dor., ébarbés. (*Pouget.*)

Les tomes II et III sont en PREMIER TIRAGE.

37. **Duseig.** (Maurice Duseigneur). Marcelle, poème parisien, orné de quatre eaux-fortes. *Paris, Librairie des Bibliophiles*, 1877, pet. in-8, dos et coins de mar. bleu, non rog. (*Couvert.*)

Exemplaire imprimé sur PAPIER WHATMAN, avec les eaux-fortes en double épreuve, et enrichi de 68 DESSINS à la plume de M. Ed. T***, placés dans les marges.

38. **Feuillet** (Octave). Julia de Trécœur. *Paris, Calmann Lévy*, 1885, petit in-8°, fig., mar. bleu, jans., dent. int., tête dor., ébarbé, couverture. (*Gruel.*)

Édition imprimée pour le compte de la Librairie Conquet à 225 exemplaires, sur papier vélin à la cuve des fabriques du Marais ; elle est illustrée de 15 eaux-fortes gravées par *Clapès*, d'après *Henriot*.

39. **Flaubert** (Gustave). Madame Bovary, mœurs de province. *Paris, Alph. Lemerre*, 1884, 2 vol. in-12, mar. citron, dos ornés, fil., tr. dor. (*Gruel.*)

Un des 25 exemplaires imprimés sur PAPIER WHATMAN. On y a ajouté le frontispice et les 6 figures dessinées et gravées par *Boilvin*. En épreuves AVANT LA LETTRE SUR CHINE.

40. **Fertiault** (F.). Les Amoureux du Livre, sonnets d'un bibliophile, fantaisies, commandements du bibliophile, bibliophiliana, notes et anecdotes. Seize eaux-fortes de Jules Chevrier. *Paris, A. Claudin*, 1877, in-8, dos et coins de mar. violet, jans., tête dor., ébarbé, (*Gruel.*)

Exemplaire imprimé sur GRAND PAPIER VERGÉ TEINTÉ.

41. **Galerie** historique des portraits des comédiens de la troupe de Molière, gravés à l'eau-forte sur des documents authentiques par Fr. Hillemacher, avec des détails biographiques succints, relatifs à chacun d'eux. Seconde édition. *Lyon, Nicolas Scheuring*, 1869, in-8, papier vergé, dos et coins de mar. vert, dos orné, fil., tête dor., non rogné. (*Gruel.*)

On a ajouté en tête de cet exemplaire la *Cérémonie du Malade imaginaire*, édition Louis Perrin, de Lyon. Un des 20 exemplaires imprimés sur *Papier de Chine*.

42. **Gautier** (Théophile). Émaux et camées. Cent douze dessins de Gustave Fraipont. Préface par Maxime Du Camp. *Paris, Conquet*, 1887, in-16, mar. bleu, encadrem. de fil., coins ornés de feuillage doré et fleur de mar. rouge, dos orné et mosaïqué, tr. dor., couverture. (*Marius Michel.*)

Exemplaire imprimé sur PAPIER DU JAPON, contenant le *Musée secret*.

43. **GAUTIER** (Théophile). L'Eldorado ou Fortunio, publié sur l'édition originale. *Paris, Imprimé pour les Amis des Livres, par Motteroz*, 1880, in-8, fig., broché, couverture, dans un étui de toile noire.

Édition imprimée à 115 exemplaires, publiée par les soins de M. Billiard, ornée de 12 eaux-fortes de *Milius* en double épreuve, AVANT LA LETTRE, sur PAPIER DU JAPON et sur papier vélin, et de 81 dessins *d'Avril*, reproduits dans le texte par l'héliographie.

Ces 81 dessins sont en double épreuve hors texte : noir et bistre sur CHINE.

44. **Gautier** (Th.). Mademoiselle Dafné. La Toison d'or. Arria Marcella. Le Petit chien de la Marquise, avec deux eaux-fortes par Jeanniot. *Paris, G. Charpentier*, 1881, in-32, cartonn. toile rouge, non rog., couverture. (*Pierson.*)

Un des 25 exemplaires imprimés sur PAPIER DE CHINE, avec double épreuve des gravures sur Hollande et sur JAPON AVANT LA LETTRE.

45. **Gavarni.** Masques et visages. *Paris, Paulin et Lechevalier*, 1857, pet. in-8, fig., mar. rouge, jans., dent. int., tr. dor. (*Ottmann Duplanil.*)

PREMIER TIRAGE des dessins de *Gavarni* interprétés en réduction par *Godefroy Durand.*

46. **Gavarni.** Œuvres choisies revues et corrigées, et nouvellement classées par l'auteur. Études de mœurs contemporaines, avec des notices en tête de chaque série par MM. Th. Gautier, Laurent Jan, Lireux, Gozlan, Barthet, Soubiran, etc. *Paris, J. Hetzel*, 1845-1848, 4 tomes en 2 vol. gr. in-8, contenant 12 séries, fig., dos et coins cart. percal. rouge. (*Couvert.*)

Ouvrage contenant 320 planches hors texte et 12 titres de séries gravés.

Exemplaire complet et bien conforme à la description qu'en donne M. Vicaire dans son *Manuel de l'amateur de livres du XIXe siècle.*

La couverture de la 3e partie est la répétition de celle de la 2e partie.

47. **Genlis** (Mme de). Mademoiselle de Clermont, nouvelle historique. *Paris, Maradan*, 1813, in-16, fig., mar. violet, comp. de fil. sur les plats, dos orné, tr. dor. (*Héring.*)

Portrait de Mlle de Clermont, d'après un tableau original et 4 figures de *Desenne* gravés par *Adr. Godefroy.*

Exemplaire imprimé sur PAPIER VÉLIN, figures AVANT LA LETTRE. Jolie reliure, très fraîche.

48. **Gœthe.** Werther. Traduit de l'allemand par M. L. de Sevelinges. Nouvelle édition ornée de gravures. *Paris, Impr. de J. G. Dentu*, 1825, in-16, 2 fig. de Berthon gravées par Duplessi-Bertaux, dos et coins de mar. rouge, tête dor., ébarbé.

49. **Grandville.** Un Autre Monde. Transformations, visions, incarnations, ascensions, locomotions, explorations, pérégrinations, excursions, stations..... et autres choses par Grandville. *Paris, H. Fournier*, 1844, pet. in-4, fig., cartonn. toile bleue, ébarbé. (*Couvert. illust.*)

PREMIER TIRAGE, orné de nombreuses illustrations dans le texte, d'un frontispice en noir et de 36 grands sujets coloriés, tirés hors texte.

Bel exemplaire.

50. **Grandville.** Cent proverbes par Grandville et par (Daurand Forgues, Taxile Delord, Arn. Frémy et Am. Achard). *Paris, H. Fournier*, 1845, in-8, fig., cartonn. percal., ébarbé.

Frontispice et 50 gravures sur bois hors texte; couverture illustrée dont la vignette n'est pas reproduite dans le texte.

PREMIER TIRAGE : avec la couverture illustrée.

51. **Halévy** (Ludovic). Karikari, aquarelles d'après Henriot. *Paris, Librairie L. Conquet*, 1887, in-16, cartonn. étoffe brune. (*Couvert.*)

Tirage unique à 300 exemplaires imprimés sur PAPIER DU JAPON, non mis dans le commerce, et ornés de 16 vignettes par *Henriot*; elles sont coloriées.

52. **Halévy** (Ludovic). Madame et Monsieur Cardinal. Douze vignettes par Edm. Morin. *Paris, Michel Lévy frères*, 1872, 1 vol. — Les Petites Cardinal. Douze vignettes par Henry Maigrot. *Paris, Calmann Lévy*, 1880, 1 vol. — Ensemble 2 vol. in-12, mar. rouge, dos ornés, compart. de fil., avec fleurons aux angles et au milieu des plats, dent. int., têtes dor., ébarbés, couvertures. (*Gruel.*)

ÉDITIONS ORIGINALES.

Exemplaires imprimés sur PAPIER DE CHINE; le premier ouvrage contient les vignettes d'*Edmond Morin* en TIRAGE A PART sur CHINE et un portrait de L. Halévy, gravé par *Nain*, avec dédicace.

On a réparti dans ces deux volumes: La suite du frontispice et des 8 vignettes gravés par *Massard* d'après *E. Mas*, publiée par l'éditeur Conquet: TIRAGES A PART SUR JAPON.

3 Lettres autographes de l'auteur, ajoutées.

53. **Halévy** (Ludovic). Trois coups de foudre. Dix dessins de Kauffmann gravés par T. de Mare. *Paris, L. Conquet*, 1886, in-12, mar. citron, comp. de fil sur le dos et les plats, dent. int., tête dor., non rogné. (*Gruel.*)

Ouvrage illustré d'un frontispice, de 3 planches, de 3 en-têtes et de 3 culs-de-lampe, dessinés par *Kauffmann* et gravés à l'eau-forte par *T. de Mare*.

Exemplaire imprimé sur PAPIER DU JAPON.

54. **HAMILTON**. Mémoires du comte de Grammont, préface de H. Gausseron. *Paris, Librairie L. Conquet* (*Impr. G. Chamerot*), 1888, gr. in-8, fig., mar. vert foncé, dos orné, large dent., doublé de mar. rouge foncé, avec large dent., genre XVIIe siècle, gardes en satin vert foncé, tête dor., ébarbé.

Édition ornée d'un portrait de A. Hamilton et de 32 compositions de *C. Delort*, gravés au burin et à l'eau-forte par *L. Boisson*, comprenant 11 figures hors texte, 11 en-têtes et 11 culs-de-lampe.

Exemplaire imprimé sur GRAND PAPIER DU JAPON: épreuves AVANT LA LETTRE, signature de l'artiste à la pointe.

Riche reliure de GRUEL.

55. **HISTOIRE DES QUATRE FILS AYMON**, très nobles et très vaillants chevaliers. Illustrée de compositions en couleurs par Eugène Grasset, gravure et impression par Ch. Gillot. Introduction et notes par Ch. Marcilly. *Paris, H. Launette*, 1883, in-4°, fig., mar. vert foncé, dos orné, trophées moyen âge dans des comp. de fil. droits et courbes, avec fleurons aux angles, doublé de mar. rouge foncé avec dent., gardes en satin rouge foncé, tr. dor.

Édition illustrée par *Eug. Grasset* d'un frontispice et de 235 compositions décoratives en couleurs, différentes pour chaque page.

Un des 100 exemplaires imprimés sur PAPIER DE CHINE.

Riche reliure de GRUEL.

56. **Horace**. Traduction en vers du comte Siméon. *Paris, Librairie des Bibliophiles*, 1873-1874. 3 vol. in-8, fig., dos et coins de mar. brun jans., tête dor., ébarbés. (*Gruel.*)

Édition imprimée à 500 exemplaires SUR PAPIER DE HOLLANDE. Portraits et vignettes de *Chauvet*, gravés à l'eau-forte.

57. **Houssaye** (Arsène). Les Cent et un sonnets. Gravures et eaux-fortes. *Paris, Librairie à estampes Jules Maury et Cie (Imp. Alcan Lévy)*, *s. d.* (1874), in-4°, dos et coins mar. grenat, dos orné, fil., tête dor., couverture (*Gruel.*)

ÉDITION ORIGINALE, ornée d'un portrait d'Arsène Houssaye et de 7 planches hors texte gravées par *A. Nargeot. Cucinotta, Masson, Laguillermie. Metzmacher*, d'après *Paul Baudry, J. E. Aubert, Diaz, Hugues Merle.*

On y a ajouté un portrait d'*Arsène Houssaye*, gravé à l'eau-forte *avant toutes lettres*, et une lithographie : *Une soirée chez M. Arsène Houssaye* de *Jules Chéret* extraite des *Succès du jour*. Album théâtral.

58. **Hugo** (Victor). Notre-Dame de Paris. Édition illustrée d'après les dessins de E. de Beaumont, Boulanger, Daubigny, Lemud, Meissonier, C. Roqueplan, de Rudder, Steinheil, gravés par les artistes les plus distingués. *Paris, Perrotin : Garnier frères Imprimé par Béthune et Plon*), 1844, gr. in-8, fig., cartonn. toile violette, fil.

Belle édition illustrée d'un titre-frontispice, de 54 gravures hors texte sur acier ou sur bois, de fleurons ou culs-de-lampe à chaque chapitre.

PREMIER TIRAGE sans la *cathédrale* et sans la *chauve-souris* sur le titre.

59. **Hugo** (Victor). Notre-Dame de Paris, illustrée de soixante-dix dessins par Brion, gravures de Yon et Perrichon. *Paris, J. Hetzel et A. Lacroix*, 1865, gr. in-8, à 2 col., fig., dos et coins chag. grenat, tête dor, ébarbé.

PREMIER TIRAGE des illustrations de *Brion*.

60. **Hugo** (Victor). Les Travailleurs de la Mer, illustrations de Daniel Vierge. *Paris, Librairie illustrée*, 1876, gr. in-8, texte encadré d'un filet noir, cartonn. demi-toile rouge, couverture. (*Lemardeley.*)

PREMIER TIRAGE des illustrations de *Vierge*.
Exemplaire sur PAPIER VÉLIN TEINTÉ.

61. **Huysmans** (J. K.). La Bièvre, les Gobelins, Saint-Séverin. *Paris, Société de propagation des livres d'art*, 1901, gr. in-8, broché.

Ce volume, imprimé sur papier vélin à la forme, est orné de 4 eaux-fortes hors texte et de 39 gravures sur bois dans le texte de *A. Lepère.*

62. **Huysmans** (J. K.). Croquis parisiens. Eaux-fortes de Forain et Raffaelli. *Paris, Henri Vaton*, 1880, in-8, fig., cartonn., dos de toile rouge, non rog. (*Couvert.*)

ÉDITION ORIGINALE, ornée de 7 eaux-fortes et d'un frontispice.
Exemplaire contenant en plus 2 planches de *Forain*, refusées par l'auteur comme ne se rapportant pas à son sujet : ces deux planches en double épreuve sont relatives au chapitre *les Folies-Bergère*.

63. **Krüdner** (Madame de). Valérie. Préface de Parisot. Eaux-fortes de M. Leloir. Variantes et bibliographie. *Paris, A. Quantin*, 1878, pet. in-8, fig., cartonn., dos et coins de mar. violet foncé, non rog., couverture. (*Pierson*.)

De la *Petite bibliothèque de luxe des romans célèbres.*

Exemplaire sur PAPIER DU JAPON, texte encadré d'un filet rouge. Épreuves en double état avec la lettre sur papier vergé teinté et AVANT LA LETTRE sur papier du Japon.

64. **La Fontaine**. Contes et nouvelles en vers. *Paris, Leclerc fils* (*Impr. de Ch. Lahure*), 1861, 2 vol. in-8, fig., mar. bleu, jans., dent. int., tr. dor. chiffre aux angles des plats.

Un des 100 exemplaires imprimés sur GRAND PAPIER DE HOLLANDE.

Édition ornée sur les titres des portraits de La Fontaine et de Duplessi Bertaux et de 69 vignettes, en-têtes de chapitres gravées d'après *Duplessi-Bertaux*.

65. **La Fontaine**. Fables, édition illustrée par J. David, accompagnée d'une notice historique et de notes par le Baron Walckenaer. *Paris, Arm. Aubrée* (*impr. Everat et Cie*) *s. d.*, 2 vol. gr. in-8, papier vélin fig., cartonn., dos et coins toile rouge, non rognés.

DEUXIÈME TIRAGE des 400 illustrations gravées sur bois d'après les dessins de *Jules David*, le tome Ier contient un frontispice en couleur gravé par *Chouhard* et le portrait de La Fontaine gravé par le même artiste tiré sur CHINE. Le tome IIe contient aussi un frontispice en couleur, portant la date de 1839 en chiffres arabes.

66. **La Fontaine**. Psyché, publié par D. Jouaust, compositions d'Émile Lévy gravées à l'eau-forte par Boutelié, dessins de Giacomelli gravés sur bois par Sargent. *Paris, Librairie des Bibliophiles*, 1880, in-16, fig., veau rac., tête rouge, ébarbé.

On a ajouté à cet exemplaire 2 figures de *Moreau*, gravées par *Bosq* et *De Villiers*.

67. **Lamartine**. Œuvres poétiques. *Paris, Furne, Jouvet, Hachette*, (*Typogr. de E. Plon*), 1875-1879, 6 vol. in-8, cartonn. dos toile, non rog.

Méditations poétiques. — Harmonies poétiques et religieuses. — Jocelyn. — La Chute d'un ange. — La Mort de Socrate. — Recueillements poétiques.

Exemplaire imprimé sur PAPIER WHATMAN, avec le portait de l'auteur, gravé à l'eau-forte par *L. Flameng*, en épreuve AVANT la lettre.

On a ajouté à cet exemplaire environ 50 pièces, portraits et figures en divers états répartis dans les 6 volumes :

12 portraits de Lamartine ; 4 portraits de Lord Byron ; 1 portrait du duc de Bordeaux ; 1 portrait de Napoléon ; 1 portrait du roi de Rome ; 1 portrait de Victor Hugo ; 1 portrait de Walter Scott ; 1 portrait d'Alphonse Karr.

2 figures de *Mendoze* lithographiées : *Le Soir ; L'Immortalité.*

4 figures de *Desenne : Souvenir ; La Gloire ; Le Temple ; Le Crucifix.*

4 figure de *Daubigny : Hymne au soleil.*

1 figure de *A. Johannot : Le Chrétien mourant.*

1 figure de *J. Potier : La Naissance du duc de Bordeaux.*

2 figures de *Deveria : Le Crucifix ; L'Ange.*

3 figures de *Tony Johannot : L'Humanité, La Chute d'un ange, Le Paradis perdu.*

4 figures non signées pour *Sapho ; Jéhovah ; La Mort de Socrate*, etc.

68. **Lemercier de Neuville**. Théâtre des Pupazzi, *Lyon, N. Scheuring*, 1876, in-8, vélin, fil., non rogné, couverture. (*Lemardeley*.)

Orné d'un portrait de Lemercier de Neuville, gravé à l'eau-forte par *J. M. Fugère*; chaque pièce est précédée d'un en-tête gravé à l'eau-forte, la couverture est illustrée d'une eau-forte de *Ad. de La Sauze*

On y a ajouté 15 portraits de *Jules Favre, Thiers, Jules Simon, Em. de Girardin, G. Courbet, Rossini, Jules Favre, Lachaud, Villemessant, Gambetta, Em. Ollivier, Henri Rochefort, Victor Hugo, Rouher, Dumas fils*.

69. **Le Noble**. La Rapinéïde ou l'atelier, poème burlesco-comico-tragique en 7 chants, par un ancien rapin des ateliers Gros et Girodet (Alex. Le Noble). *Paris, Barraud*, 1870, in-8, fig., demi-rel. vélin blanc, non rogné.

Ouvrage illustré d'un frontispice et de 7 eaux-fortes hors texte, de vignettes en-têtes et de culs-de-lampe.

70. **Lepine** (Ernest). Histoire de l'intrépide capitaine Castagnette, par Manuel, illustrée de 43 vignettes sur bois par Gustave Doré. *Paris, L. Hachette*, 1862, in-4, fig., cartonn., toile orange, filet noir, ébarbé, couverture. (*Pierson*.)

PREMIÈRE ÉDITION illustrée. Manuel est un pseudonyme de M. Ernest Lépine.

71. **Le Sage**. Le Diable boiteux, illustré par Tony Johannot, précédé d'une notice sur Le Sage par M. Jules Janin. *Paris, Ern. Bourdin*, 1840, gr. in-8, demi-chag. noir, ébarbé.

PREMIER TIRAGE des illustrations de *Tony Johannot*.

72. **Le Sage**. Histoire de Gil Blas de Santillane, par Le Sage. *Paris, Parmantier*, 1824, 4 vol. in-12, fig., veau vert, dos ornés, dent. à froid, compart. de fil. noirs, tr. dor. (*Bibolet*.)

Exemplaire contenant la suite des 12 figures de *Victor Adam* en 3 états : AVANT la lettre sur blanc ; AVANT la lettre sur *Chine* et EAUX-FORTES.

Reliure bien conservée.

73. **Maindron** (Ern.). Les Affiches illustrées, ouvrage orné de 20 chromolithographies et de nombreuses reproductions en noir et en couleur d'après les documents originaux par Jules Chéret. *Librairie artistique H. Launette*, 1886, in-4, recouvert en soie verte brochée, non rog. (*Couvert*.)

74. **Marguerite de Navarre**. Les Marguerites de la Marguerite des Princesses, texte de l'édition de 1547, publié avec introduction, notes et glossaire par Félix Frank. *Paris, Librairie des Bibliophiles*, 1873, 4 vol. in-8, port. et vignettes, brochés.

Un des 15 exemplaires imprimés sur PAPIER WHATMAN.

75. **Marguerite de Navarre**. Les sept journées de la Reine de Navarre, suivies de la huitième (édition de Claude Gruget, 1559), notice et notes par P. Lacroix, index et glossaire, planches à l'eau-

forte par Flameng. *Paris, Librairie des Bibliophiles*, 1872, 4 vol. in-8, fig., mar. bleu, dent. int., tr. dor. (*Allo.*)

Un des 100 exemplaires imprimés sur GRAND PAPIER DE HOLLANDE ; aux armes du baron de MARESCOT.

76. **Mary Lafon.** Les Aventures du chevalier Jaufre et de la belle Brunissende, traduites par Mary Lafon, illustrées de 20 belles gravures dessinées par G. Doré. *Paris, Librairie nouvelle*, 1856, gr. in-8, fig., cart. percal. jonq., non rog.

PREMIER TIRAGE.

77. **Maupassant** (Guy de). Contes choisis, illustrés de 118 dessins de G. Jeanniot. *Paris, à la Librairie nouvelle, s. d.*, in-8, fig., cartonn., dos et coins de mar. rouge, non rogné, couverture illustrée. (*Carayon.*)

PREMIER TIRAGE.
Un des 25 exemplaires sur PAPIER DE JAPON.

78. **Mendès** (Catulle). L'Évangile de l'enfance de Notre-Seigneur Jésus-Christ selon saint Pierre, mis en français par Catulle Mendès, d'après le manuscrit de l'abbaye de Saint-Wolfrang. Compositions et encadrements de Carloz Schwabe. *Paris, Arm. Colin, s. d.*, in-4, papier vélin, texte encadré et fig. en couleurs, chag. brun, composition à froid sur un plat de la reliure, tête dor. (*Rel. de l'éditeur.*)

On y a ajouté : 7 tirages à part, en noir, d'encadrements et vignettes.

79. **Mendoza** (Hurtado de). Lazarille de Tormès, traduit par L. Viardot, illustré par Meissonier. *Paris, J.-J. Dubochet, Le Chevalier*, 1846, gr. in-8 de 46 pages, demi-rel. chag. rouge.

Extrait du *Gil Blas* de 1846 : premier tirage des figures de *Meissonier*.

80. **Mérimée** (Prosper). Carmen. *Paris, Calmann Lévy*, 1884, in-12, fig., dos et coins de mar. brun, tête dor., ébarbé, couverture. (*Gruel.*)

Tirage fait sur papier vélin du Marais, pour le compte de l'éditeur Conquet : il est orné d'un frontispice et de 8 vignettes d'*Arcos* gravés par *A. Nargeot*.

81. **MÉRIMÉE** (Prosper). Chronique du règne de Charles IX. *Paris, Imprimé pour les Amis des Livres par Georges Chamerot*, 1876, gr. in-8, fig., mar. rouge, jans., têtes dor., ébarbés, couvertures. (*Gruel.*)

Première publication de la *Société des Amis des Livres*, dirigée par *M. Eug. Paillet*, imprimée à 115 exemplaires ; elle est illustrée de 31 compositions dessinées et gravées à l'eau-forte par *Edm. Morin*.

On y a ajouté : un portrait de Mérimée par *J. Nargeot*, épreuve *avant* la lettre ; un DESSIN de *C. Delort*, à la plume, placé en tête du chapitre *Les Reîtres* tome Ier et 2 eaux-fortes non signées au chapitre : *Les jeunes Courtisans*.

82. **Molière**. Le Théâtre de Jean-Baptiste Poquelin de Molière, orné de vignettes gravées à l'eau-forte, d'après les compositions de différents artistes, par Frédéric Hillemacher. *Lyon, Nic. Scheuring*, 1864-1870, 8 vol. in-8, fig., dos et coins de mar. vert, dos ornés, fil., têtes dor., ébarbés. (*David.*)

83. **Monnier** (Antoine). Eaux-fortes et rêves creux, sonnets excentriques et poèmes étranges. *Paris, L. Willem*, 1873, in-8, fig., dos et coins de cuir de Russie, tête dor. (*Pouget*.)

Un des 30 exemplaires imprimés sur PAPIER DE CHINE.

84. **Monnier** (Henry). Les Bas-Fonds de la société, avec un frontispice du Lundi, dessiné et gravé par S. P. Q. R. (Fél. Rops). *Sur l'imprimé à Paris, chez J. Claye, Amsterdam*, 1864, in-12, papier vergé, frontispice, mar. orange, jans., dent. int., tr. dor. (*Gruel*.)

Édition imprimée à 140 exemplaires.
On a ajouté à cet exemplaire deux frontispices (l'un de *Rops*, l'autre de *Chauvet*) sur CHINE.

85. **MONTESQUIEU**. Lettres persanes. Édition Louis Lacour, imprimée par D. Jouaust. *Paris, Académie des Bibliophiles*, 1869, in-8, mar. rouge, dos orné, large dent. à petits fers XVIIIe siècle, dent. int., tr. dor.

Exemplaire imprimé sur papier vergé de Hollande, contenant la suite du portrait et 8 figures de *Beaumont*, gravées par *Boilvin* en double état, avec et AVANT LA LETTRE, avec remarque, recouvert d'une riche reliure de *Marius Michel*.

86. **Morin** (Louis). Carnavals parisiens. *Paris, Montgredien, s. d.* (1898), in-12, fig., broché. (*Couvert*.)

ÉDITION ORIGINALE, illustrée de 178 dessins de l'auteur, en noir et en couleurs.

87. **Morin** (Louis). Histoires d'autrefois. Les Amours de Gilles. 178 dessins de l'auteur. *Paris, Ern. Kolb, s. d.*, in-8, fig., demi-rel. vélin blanc, ébarbé. (*Couvert. illust.*)

88. **Musée Dantan**. Galerie des charges et croquis des célébrités de l'époque, avec texte explicatif et biographique. *Paris, chez H. Delloye*, 1839, in-8, fig., cartonn., dos en toile verte, ébarbé.

Ouvrage curieux dont les notices sont écrites par Louis Huart, il se compose de cent caricatures dessinées et gravées par *Maurisset*, parmi lesquelles on remarque celles faites sur *Balzac, Berlioz, Bouffé, Crémieux, Daguerre, Dantan, Alex. Dumas, Halévy, Huart, Victor Hugo, Frédérick Lemaître, Liszt, Monrose, Musard, Paganini, Rossini, Fr. Soulié, Vernet*. Sur chaque figure se trouve un rébus donnant le nom du personnage.

89. **NERVAL** (Gérard de). Sylvie, souvenirs du Valois, préface par Ludovic Halévy. *Paris, Librairie L. Conquet*, 1886, in-8, fig., mar. olive, comp. de branchages et de roses mosaïquées sur le dos et les plats, doublure de mar. La Vall. avec comp. de filets, gardes en soie moirée verte, tr. dor., couverture. (*Marius Michel*.)

Édition illustrée d'un frontispice et de 41 eaux-fortes dans le texte par *E. Rudaux*.
Exemplaire imprimé sur GRAND PAPIER DU JAPON IMPÉRIAL contenant les figures en trois états, dont l'EAU-FORTE PURE.

90. **Nodier** (Charles). Le dernier chapitre de mon Roman. Préface de Maurice Tourneux. Nouvelle édition illustrée de trente-trois compositions de Louis Morin. *Paris, Librairie L. Conquet*, 1895, in-8 carré, en feuilles, dans un emboîtage cartonné.

Imprimé à 200 exemplaires sur papier vélin blanc à la forme du Marais, orné d'une couverture, 1 vignette de titre et 33 compositions dans le texte, dont plusieurs sont à double page, tirées en deux teintes superposées et rehaussées à l'aquarelle par *Louis Morin*.

91. **Pellico** (Silvio). Mes Prisons, suivi des Devoirs des hommes par Silvio Pellico, traduction nouvelle par le comte H. de Messey, revue par le vicomte Alban de Villeneuve, avec notice biographique et littéraire par Philipon de la Madelaine. *Paris, H. L. Delloye, Garnier frères*, 1844, gr. in-8, fig., cartonn., ébarbé. (*Couverture de livraison.*)

Première édition, illustrée d'après les dessins de *MM. Gérard-Séguin, Daubigny, Steinheil*, etc., frontispice et 80 vignettes gravées sur acier dans le texte.

92. **PERRAULT** (Charles). Contes du temps passé précédés d'une notice littéraire sur Ch. Perrault, par de La Bédolière. Illustrés par Pauquet, Marry, Jeanron, Jacque et Beaucé. Texte gravé par M. Blanchard. *Paris, Curmer*, 1843, gr. in-8, fig., dos et coins de mar. orange, dos orné, fil., tête dor. (*Allô.*)

Premier tirage d'un des plus beaux livres illustrés du XIXe siècle.

93. **Perrault** (Charles). Les Contes des Fées, en prose et en vers. Nouvelle édition, revue et corrigée sur les éditions originales, et précédée d'une lettre critique par Ch. Giraud. *Paris, Impr. impériale* (*Leclère fils, libraire*), 1864, in-8, portrait et fig., dos et coins de mar. rouge, tête dor., ébarbé. (*David.*)

Première édition critique renfermant 11 contes en vers et en prose de Perrault et l'*Adroite Princesse* de Mlle L'Héritier.

94. **Petites misères de la vie humaine** par Old Nyck (pseudonyme de M. Em. Daurand Forgues) et Grandville. *Paris, H. Fournier*, 1843, in-8, fig., cartonnage original de l'éditeur, ébarbé.

Premier tirage des illustrations de *Grandville*.

95. **Pictet** (Ad.). Une Course à Chamounix, conte fantastique. *Genève et Paris*, 1872, pet. in-8, fig., cart. toile rouge, ébarbé. (*Couvert.*)

Voyage de Liszt et de George Sand en Suisse.
Édition originale, très rare.

96. **Pléiade** (La). Ballades, Fabliaux, nouvelles et légendes. Homère, Veda-Vyasa, Marie de France, Burger, Hoffmann, Ludwig, Treck, Ch. Dickens, Gavarni, H. Blaze. *Paris, L. Curmer*, 1842, in-8, fig., chag. violet, fil., tête dor , ébarbé.

Premier tirage. Ouvrage formé de 10 nouvelles publiées en 10 livraisons et réunies sous un titre général, illustré de 10 frontispices gravés à l'eau-forte et de 67 figures sur bois dans le texte, dont 10 sur papier de Chine d'après *Feart, Penguilly, Jacques, Trimolet, Daubigny* et *Pauquet*.
Exemplaire bien complet, dans une reliure de l'époque.

97. **Poisle Desgranges** (G.). Le Roman à l'eau-forte, en douze chapitres inédits, illustrés par Alfred Taiée. *Paris, Bachelin-Deflorenne*, 1874, in-8, fig., mar. vert foncé, comp. de fil. sur le dos et les plats, dent. int., tr. dor. (*Gruel.*)

Exemplaire imprimé sur PAPIER VÉLIN EXTRA-FORT, illustré de 14 eaux-fortes de *Alfr. Taiée*, AVANT LA LETTRE.

98. **Polichinelle**, drame en trois actes, publié par Olivier et Tanneguy de Penhoët et illustré par Georges Cruishanck. *Paris, Bureaux de l'histoire pittoresque d'Angleterre*, 1836, in-12, cartonn. dos de mar. rouge, non rogné. (*Lemardeley.*)

Petit volume rare, orné de 18 vignettes humouristiques, gravées sur bois d'après *G. Cruishanck*.

99. **Pommes d'Eve**. Douze contes en chemise par une jolie fille. Illustrations de Joseph Roy. *Paris, E. Monnier*, 1884, in-8, fig., mar. olive, avec bouquet de fleurs, feuilles et branchages en mosaïque de mar. sur le premier plat, doublure et garde en étoffe brune tissée d'or, tr. dor. (*Marius Michel.*)

Vignettes intercalées dans le texte, imprimées en rouge.
Exemplaire contenant la suite de ces vignettes en TIRAGE A PART en noir SUR CHINE et 5 FUMÉS.
Le feuillet de garde contient l'envoi suivant à M. Edm. T..... : *avec les seuls fumés de la première édition du livre.* JOS. ROY.

100. **Popelin** (Claudius). Un Livre de sonnets. *Paris, Charpentier et Cie*, 1888, in-4, cartonn., dos et coins de papier japonais, plats toile, non rogné.

Le texte est entouré d'encadrements de fleurs dessinés par *Claudius Popelin* et gravés sur bois par *Prunaire*.
Envoi de l'auteur.

101. **Prévost** (Abbé). Histoire de Manon Lescaut et du chevalier Des Grieux. Édition illustrée par Tony Johannot, précédée d'une notice historique sur l'auteur par Jules Janin. *Paris, Em. Bourdin, s. d.*, (1839) gr. in-8, dos et coins de chag. bleu, fil., non rogné. (*Rel. de l'époque.*)

Exemplaire de PREMIER TIRAGE, illustré d'un frontispice, de figures dans le texte et de 18 sujets hors texte tirés sur PAPIER DE CHINE.

102. **Prévost** (Abbé). Histoire de Manon Lescaut et du chevalier des Grieux, par l'abbé Prévost. Édition illustrée par Tony Johannot, précédée d'une notice historique sur l'auteur, par Jules Janin. *Paris, Ernest Bourdin, s. d.*, (1839), in-8, fig., cartonn. dos et coins toile bleue, ébarbé.

Exemplaire illustré d'un frontispice en camaïeu, faux-titre de la première partie imprimé en or, 12 figures hors texte par *Tony Johannot* et de nombreuses vignettes, intercalées dans le texte.
On y a ajouté les 12 figures et les 12 vignettes de la même suite, sur CHINE VOLANT.

103. **Prévost** (Abbé). Histoire de Manon Lescaut et du chevalier des Grieux, précédée d'une préface par Alexandre Dumas fils. *Paris, Librairie du XIXe siècle, Glady frères*, 1875, gr. in-8, fig., cartonn. de mar. rouge, ébarbé. (*Couvert.*)

Édition revue sur les textes originaux, accompagnée de variantes et d'une notice par *Anat. de Montaiglon.*

Un des 50 exemplaires imprimés sur PAPIER WHATMAN IMPÉRIAL, avec les 11 figures de *Léopold Flameng* en double épreuve AVANT et avec la lettre et le portrait d'*Alexandre Dumas*, gravé à l'eau-forte par *Jules Jacquemart*, d'après le buste de *Carpeaux*, aussi en double épreuve.

On y a ajouté : 12 figures et 1 portrait dessinés et gravés à l'eau-forte par *Chauvet*, épreuves sur CHINE AVANT LA LETTRE.

2. — 5 figures et 1 portrait dessinés et gravés à l'eau-forte par *Hédouin*, épreuves sur CHINE, AVANT LA LETTRE.

3. — 4 figures in-32 de *Desenne* sur CHINE remontées à plat. La 3e et la 4e figure sont accompagnées de l'EAU-FORTE (pp. 262 et 290).

4. — Un DESSIN d'EUGÈNE LAMI représentant Manon (placé en tête du roman), à la mine de plomb et à l'aquarelle.

104. **Quatrelles.** A coups de fusil, ouvrage illustré de trente dessins originaux hors texte, par A. de Neuville. *Paris, G. Charpentier*, 1877, in-4, fig., dos et coins de mar. violet, dos orné, fil., tête dor., ébarbé, couverture. (*Gruel.*)

PREMIER TIRAGE. Exemplaire imprimé sur PAPIER DE HOLLANDE avec la suite des figures en double état : AVANT LA LETTRE sur Hollande, avec la légende sur papier blanc, et AVANT LA LETTRE sur CHINE.

On y a ajouté une eau-forte de *Léop. Flameng* et une planche de *A. de Neuville*, gravée à l'eau-forte par *E. Le Rat.*

105. **Rabelais.** Œuvres, précédées d'une notice historique sur la vie et les ouvrages de Rabelais par P.(aul) L.(acroix), Nouvelle édition, revue sur les meilleurs textes par L. Barré, ancien professeur de philosophie, illustré par Gustave Doré. *Paris, J. Bry aîné* (*Impr. Lacour et Cie*), 1854, gr. in-8, à 2 col., fig., dos et coins de mar. rouge, dos orné, tête dor., ébarbé. (*Brany.*)

PREMIER TIRAGE des illustrations de *Gustave Doré*. Bel exemplaire avec la couverture imprimée en rouge et en vert, avec encadrement doré.

106. **Rabelais.** Les Quatre livres de maistre François Rabelais, suivis du manuscrit du cinquième livre, publiés par les soins de MM. A. de Montaiglon et L. Lacour. *Paris, Académie des Bibliophiles*, 1868-1872, 3 vol. in-8, dos et coins de mar. vert, têtes dor., ébarbés. (*Gruel.*)

Exemplaire imprimé sur PAPIER DE HOLLANDE, orné d'un portrait et de 10 figures de *Boilvin*, gravés à l'eau-forte.

On y a ajouté 2 portraits de Rabelais, le premier publié par *Salmon*, épreuve AVANT la lettre, le second par *Dévéria*, gravé par *Leisnier*, épreuve AVANT la lettre : une eau-forte de *Boilvin* : *La Harangue de maistre Janotus* et une suite d'un portrait et de 30 gravures AVANT la lettre, publiée par Houiste, rue Hautefeuille à Paris.

107. **Rameau** (Jean). Poëmes fantastiques, illustrations de Ary Gambard. *Ed. Monnier, Paris, Librairie d'art*, 1883, in-8 de 116 pages, cartonn. étoffe brochée d'or, non rogné.

Exemplaire imprimé sur PAPIER DE JAPON, avec les illustrations imprimées en différentes teintes.

108. **Ratisbonne** (Louis). La Comédie enfantine. Vignettes par Gobert et Froment. *Paris, Collection J. Hetzel, Michel Lévy fr.*, 1861, in-8, fig., dos et coins cuir de Russie, tête dor., ébarbé.

PREMIER TIRAGE.
Envoi d'auteur sur le faux-titre.

109. **Reybaud.** Jérôme Paturot à la recherche d'une position sociale, par L. Reybaud. Édition illustrée par J.-J. Grandville. — Jérôme Paturot à la recherche de la meilleure des républiques (par le même). Édition illustrée par Tony Johannot. *Paris, J.-J. Dubochet, Le Chevalier*, 1846-1849, 2 vol. in-8, fig., dos et coins de mar. vert, fil., têtes dor., ébarbés. (*Gruel.*)

Beaux exemplaires du PREMIER TIRAGE. On y a joint une lettre autographe de Mme Reybaud.

110. **Saint-Pierre** (Bernardin de). La Chaumière indienne, suivie du café de Surate et du Voyage en Silésie. *Paris, de l'Impr. de P. Didot l'aîné*, 1807, in-16, papier vélin, mar. rouge, comp. goth., dorés sur les plats, tr. dor.

Figure de *Desenne*, gravée par *Sixdeniers*, épreuve AVANT la lettre.
Exemplaire recouvert d'une jolie reliure de THOUVENIN, très fraiche.

111. **Saint-Pierre** (Bernardin de). La Mort de Socrate, drame. *Paris, de l'Impr. de P. Didot l'aîné*, 1808, in-16, papier vélin, mar. rouge, comp. goth., dorés sur les plats, tr. dor.

ÉDITION ORIGINALE.
Exemplaire recouvert d'une jolie reliure de THOUVENIN, très fraiche.

112. **Saint-Pierre** (Bernardin de). Paul et Virginie. *Paris, Deterville* (*Imp. de P. Didot l'aîné*), 1816, in-16, mar. rouge, comp. goth., dorés sur les plats, tr. dor. (*Thouvenin.*)

Exemplaire orné de la suite des 4 figures de *Moreau* et *Desenne*, gravées par *De Villiers*, en deux états : AVANT LA LETTRE et EAUX-FORTES. On y a ajouté : 1 fleuron et 2 figures de *Corbould* et 5 figures anglaises de *R. Westall*.
Jolie reliure romantique, très fraiche.

113. **SAINT-PIERRE** (Bernardin de). Paul et Virginie. *Paris, L. Curmer*, 1838, gr. in-8, fig., cartonn. de mar. bleu, non rogné.

Exemplaire de PREMIER TIRAGE des illustrations de *Tony Johannot, Français, Isabey, Meissonier*, etc., 450 figures dans le texte, 29 figures et 7 portraits sur *Chine*, la légende sur papier rosé et 1 carte en couleur. Le portrait de Bernardin de Saint-Pierre est à la *sphère*, toutes les planches sont gravées par des artistes français.
On y a ajouté 2 tirages à part des vignettes du texte (pp. 42-46) et une figure, *Le Bain de Virginie*, ces trois pièces sont sur CHINE.
Exemplaire avec la couverture en papier bleu.

114. **Scènes de la vie privée et publique des animaux,** vignettes, par Grandville. Études de mœurs contemporaines, publiées sous la direction de M. P.-J. Stahl, avec la collaboration de MM. de Balzac, L. Baude, E. de La Bédollière, P. Bernard, J. Janin, Ed. Lemoine, Ch. Nodier, G. Sand. *Paris, J. Hetzel et Paulin*, 1842, 2 vol. gr. in-8, cartonn., dos de mar. bleu foncé, non rognés.

Premier tirage. Illustrations de *Grandville*, comprenant environ 100 vignettes dans le texte et 201 planches hors texte.

115. **Scholl** (Aurélien). Denise. Aquarelles de Grivaz, gravées par Arents. *Paris, Ed. Rouveyre et G. Blond*, 1884, in-8 de 58 pages, fig., cartonnage soie orange brochée d'or, non rogné, couvert. illust. (*Lemardeley*.)

Imprimé à petit nombre d'exemplaires.

116. **Sévigné** (Madame de). Lettres de Madame de Sévigné, de sa famille et de ses amis, avec portraits, vues et fac-similé. (Publiées par M. Monmerqué, avec une notice par M. Saint-Surin.) *Paris, Blaise* (*Imp. de P. Didot l'aîné*), 1818, 10 vol. in-8, fig., mar. rouge à longs grains, dent. de roses sur les plats, tr. dor. (*Foignet*.)

Reliure fraîche, sauf un coin abîmé au tome 3.

117. **Sévigné** (Madame de). Lettres choisies avec une notice par M. Poujoulat. Dix-huit eaux-fortes, par V. Foulquier. *Tours, Alfr. Mame et Fils*, 1871, gr. in-8, portraits et vignettes, cartonn., dos et coins de mar. brun, plats papier japonais, non rogné. (*Lemardeley*.)

Exemplaire imprimé sur papier de Hollande, numéroté.

118. **Silvestre** (Armand). Chroniques du temps passé. Le Conte de l'Archer. Aquarelles de A. Poirson, gravées par Gillot, impression chromo-typographique par A. Lahure. *Paris, A. Lahure, Rouveyre et Blond*, 1883, in-8, mar. rose, comp. de 8 filets sur les plats, dent. int., tête dor., ébarbé. (*Gruel*.)

Un des 50 exemplaires imprimés sur papier du Japon des Manufactures impériales, avec le tirage à part du trait et le tirage à part des aquarelles sur Japon.

119. **Songe de Poliphile** (Le) ou Hypnerotomachie de Frère Francesco Colonna, littéralement traduit pour la première fois avec une introduction et des notes, par Claudius Popelin, figures sur bois gravées à nouveau par A. Prunaire. *Paris, Isid. Liseux*, 1883, 2 vol. in-8, vélin vert, fil., non rog. (*Couvert*.)

Envoi d'auteur.

120. **Staal** (Madame de). Mémoires de Madame de Staal (Mademoiselle Delaunay). *Paris, L. Conquet* (*Impr. G. Chamerot*), 1891, in-8, fig., mar. olive, comp. de fil. sur les plats, avec fleuron aux angles, tête dor., ébarbé. (*Gruel*.)

Portrait et 30 compositions de *C. Delort*, gravés au burin et à l'eau-forte par *L. Boisson*.
Exemplaire imprimé sur grand papier vélin du Marais.

121. **Sue** (Eugène). Le Juif Errant. Édition illustrée par Gavarni. *Paris, Paulin* (*Typogr. Lacrampe et Cie*), 1845, 4 vol. gr. in-8, fig., cartonn., dos toile brune.

PREMIER TIRAGE des illustrations de *Gavarni*, contenant 82 sujets hors texte et de nombreuses vignettes dans le texte.
Bel exemplaire, non rogné, avec ses couvertures illustrées.

122. **Swift**. Voyages de Gulliver dans des contrées lointaines, par Swift. Édition illustrée par Grandville. Traduction nouvelle. *Paris, Furne et Cie, H. Fournier aîné*, 1838, 2 vol. in-8, fig., dos et coins de mar. citron, dos ornés, fil., tête dor., ébarbés. (*Champs.*)

PREMIER TIRAGE.

123. **Testard** (Em.). Jambes folles. Préface par Arsène Houssaye. Illustrations de Joseph Roy. *Paris, A. Laurent*, 1886, in-8, fig., cartonn., dos et coins de mar. orange, non rog.

Un des 50 exemplaires imprimés sur PAPIER DU JAPON, avec le tirage à part de toutes les vignettes, en bistre sur JAPON, couverture en chromolith. et en noir, en double tirage.
On y a joint la suite complète de tous les fumés sur CHINE.

124. **THEURIET** (André). Les Œillets de Kerlaz. Édition originale illustrée de quatre eaux-fortes de Rudaux, de huit en-têtes et culs-de-lampe de Giacomelli, gravés par T. de Mare. *Paris, Conquet*, 1885, in-12, mar. brun, encadrem. de 4 filets dorés, grand bouquet d'œillets en mar. blanc, rouge et vert sur le premier plat, doublé de faille grenat, avec encadrem. de 6 filets dor., couverture. (*Marius Michel.*)

Exemplaire imprimé sur PAPIER DU JAPON, avec les gravures en trois états, dont l'EAU-FORTE PURE.

125. **Theuriet** (André). La Vie rustique. Compositions et dessins de Léon Lhermitte, gravures sur bois de Clément Bellenger. *Paris, Librairie artistique H. Launette et Cie*, 1888, in-4, cartonn étoffe cramoisie, brochée, tête dor., ébarbé.

Un des 25 exemplaires imprimés sur PAPIER VÉLIN DE CUVE TEINTÉ.

126. **Tin-Tun-Ling**. Lettre de la province de Chang-si. La petite pantoufle (Thou-sio-sié), traduction de M. Charles Aubert, avec six eaux-fortes originales, reproduites par Frédéric Chevalier. Édition franco-chinoise. *Paris, Librairie de l'Eau-forte, s. d.* (1875), gr. in-8, fig., mar. citron, dos orné, comp. dorés sur les plats, dent. int., tr. dor. (*Pouget.*)

127. **Töpffer**. Voyages et Aventures du Docteur Festus. *Genève et Paris*, 1840, in-8, fig., cartonn. étoffe gros bleu, broché de soie jonquille, non rogné. (*Couvert.*)

Orné de 8 dessins autographiés.

128. **Töpffer**. Voyages en Zigzag ou excursions d'un pensionnat en vacances, dans les cantons suisses et sur le revers italien des Alpes, par R. Töpffer; illustrés d'après les dessins de l'auteur et ornés de 15 grands dessins par M. Calame. *Paris, J.-J. Dubochet et Cie*, 1844, gr. in-8, fig., cartonn., dos et coins de mar. bleu, tête dor., ébarbé.

Première édition illustrée.

129. **Uzanne** (Octave). L'Éventail. Illustrations de Paul Avril. L'Ombrelle. Le Gant. Le Manchon. Illustrations de Paul Avril. *Paris, A. Quantin*, 1882-1883, 2 ouvrages en 1 vol. gr. in-8, fig., mar. bleu, comp. de fil., or et à froid sur le dos et les plats, fleurs mosaïquées, doublure et gardes, en soie rouge foncé, tr. dor. (*Marius Michel.*)

Ouvrages ornés ensemble de 160 compositions par *Paul Avril*, tirées en différents tons, accompagnant le texte; avec les couvertures illustrées.

130. **Verville** (Béroalde de). Le Moyen de parvenir, par Béroalde de Verville. Nouvelle édition collationnée sur les textes anciens, avec notes, variantes, index, glossaire et notice bibliographique par un Bibliophile campagnard. *Paris, Léon Willem* (*Impr. J. Claye*), 1870-1872, 2 tomes en 1 vol. pet. in-8, fig., dos et coins de mar. citron, dos orné, fil., tête dor., ébarbé. (*David.*)

Ouvrage imprimé à petit nombre, aux frais et pour le compte des souscripteurs, non mis dans le commerce.
Exemplaire imprimé sur papier de Chine.

131. **Vitta** (Émile). Farandole de Pierrots, poésies. Illustrations de Willette. *Paris, L. Vanier*, 1890, in-8 de 32 pages, cartonn. soie bleue brochée, non rog. (*Laureaux.*)

Exemplaire imprimé sur papier du Japon, contenant un tirage à part sur Chine, en sanguine, des illustrations.

132. **Vogué** (Vte de). Le Manteau de Joseph Olénine, portrait gravé par A. Lamotte. *Paris, L. Conquet*, in-16 de 84 pages, papier vélin du Marais, cartonn. étoffe gros bleu, couverture, non rog. (*Laureaux.*)

Imprimé à petit nombre.

133. **Voltaire**. La Pucelle d'Orléans, poème en vingt et un chants. Édition ornée de figures gravées par Duplessi-Berthault. *Paris, Leclère* (*Impr. de Ch. Lahure*), 1865, 2 vol. in-12, fig., mar. bleu, jans. dent. int., tr. dor., chiffre aux angles des plats. (*David.*)

Édition imprimée à 200 exemplaires sur papier de Hollande, aux frais et pour le compte des souscripteurs. Elle est ornée d'un frontispice en double épreuve, d'un portrait de Voltaire gravé par *Loizelet*, et de 21 vignettes à mi-page par *Duplessi-Bertaux*. Les titres sont ornés des portraits de *Jeanne d'Arc* et de *Voltaire*.

134. **Voyage où il vous plaira**, par Tony Johannot, Alfred de Musset et P.-J. Stahl (Hetzel). *Paris, Hetzel*, 1843, in-4, fig., cartonné, dos en mar. brun, jans., plats papier japonais, non rogné. (*Pierson.*)

PREMIER TIRAGE, orné de nombreuses illustrations de *Tony Johannot*, dont 63 planches hors texte.

135. **Zola** (Émile). L'Assommoir. *Paris, Marpon et Flammarion, s. d.* (1877), gr. in-8, fig., cart., non rog. (*Couvert. illust.*)

Édition illustrée par *Gill, Meaulle*, etc.

Exemplaire imprimé sur PAPIER DE HOLLANDE avec un tirage des figures sur CHINE. Envoi d'auteur.

136. **Zola** (Émile). Nouveaux Contes à Ninon. *Paris, Librairie L. Conquet*, 1886, 2 tomes en 1 vol. in-8, fig., mar. grenat, comp. de fil. sur le dos et les plats, dent. int., tête dor., ébarbé. (*Gruel.*)

Édition illustrée d'un frontispice et de 30 compositions, dessinés et gravés à l'eau-forte par *Ed. Rudaux*.

Exemplaire imprimé sur GRAND PAPIER DU JAPON IMPÉRIAL, avec un tirage à part des figures sur Japon. On y a joint le portrait de Zola, gravé à l'eau-forte, épreuve sur Japon.

137. **Zola** (Émile). Le Rêve. Illustrations de Carlos Schwabe et L. Metivet. *Paris, Librairie Marpon et Flammarion, s. d.* (1888), gr. in-8, fig., veau fauve, compositions mosaïquées et incisées sur les plats, doublure et gardes en satin lilas, tête dor. (*René Wiener à Nancy.*)

PREMIÈRE ÉDITION ILLUSTRÉE.

Exemplaire provenant de M. C. Schwabe, renfermant 22 fumés sur CHINE ou JAPON des figures de l'édition, et une reproduction en photographie de la planche du chapitre VIII, page 176, avec envoi signé de M. C. Schwabe à M. Taigny.

137 *bis*. **MOLIÈRE.** Théâtre complet de J.-B. Poquelin de Molière, publié par D. Jouaust, préface par M. D. Nisard, dessins de Louis Leloir gravés à l'eau-forte par Flameng. *Paris, Librairie des Bibliophiles*, 1876-1883, 8 vol. in-8, fig., cartonn. dos et coins de mar. brun, non rog., couvertures.

Exemplaire imprimé sur GRAND PAPIER VERGÉ dit PAPIER SOLEIL ; avec la suite des figures de *Leloir* en double épreuve : avec et AVANT la lettre.

On y a ajouté : 30 vignettes et 1 portrait dessinés et gravés à l'eau-forte par *V. Foulquier*, tirage à part sur PAPIER DE CHINE, AVANT la lettre.

7 figures in-4 sur Chine AVANT la lettre pour *Les Précieuses ridicules ; Don Juan*, acte 3e ; *Le Médecin malgré lui ; L'Imposteur ; Les Femmes savantes ; Le Malade imaginaire ; L'Estourdy.*

2 figures au tome Ier : *Molière et Benserade*, eau-forte de Flameng, et *Molière dinant à la table de Louis XIV*, figure gravée d'après le tableau d'*Ingres*.

ROMANTIQUES. — ÉDITIONS ORIGINALES D'AUTEURS CONTEMPORAINS

138. **Ackermann** (Mme L.). Contes. *Paris, Garnier frères*, 1855. — Poésies. *Paris, Alph. Lemerre*, 1874. — Pensées d'une solitaire, précédées d'une autobiographie. *Paris, Alph. Lemerre*, 1883. Exemplaire imprimé sur papier Whatman. — Ens. 3 vol. cartonn. demi-vélin et toile, non rognés. (*Couvert.*)

Éditions originales.

139. **Aicard** (Jean). Miette et Noré. *Paris, G. Charpentier*, 1880, in-12, dos et coins de mar. brun, fil. à froid, tête dor., ébarbé. (*Pagnant.*)

Édition originale.
Un des 50 exemplaires imprimés sur papier de Hollande.

140. **Ajalbert** (Jean). Paysages de femmes, impressions. Dessin de J.-F. Raffaelli. *Paris, L. Vanier*, in-8 de 76 pages, papier vélin teinté, cartonn. en étoffe brochée, non rogné. (*Laurenaux.*)

Édition originale. Exemplaire avec le frontispice de Raffaelli : *Amours dans les parcs anglais*: en deux états : en noir et aquarellé.

141. **Arvers** (Félix). Mes heures perdues, poésies. *Paris, Fournier jeune*, 1833, in-8, mar. bleu, comp. de 11 fil. sur le dos et les plats, dent. int., tête dor., ébarbé. (*Gruel.*)

Édition originale, très rare.
Bel exemplaire avec envoi d'auteur: *à Mme Dusmalter, hommage de respect et d'affection, l'auteur.* F. Arvers.

142. **Asselineau** (Charles). La double Vie, nouvelles. *Paris, Poulet-Malassis et de Broise*, 1858, in-12, frontispice, cartonn. demi-toile verte, non rogné. (*Couvert.*)

Édition originale.

143. **Asselineau** (Charles). Bibliographie romantique. Catalogue anecdotique et pittoresque des éditions originales des œuvres de

Victor Hugo; Alfred de Vigny; Prosper Mérimée; Alex. Dumas; J. Janin; Th. Gautier; Petrus Borel, etc. Troisième édition augmentée. *Paris, P. Rouquette*, 1874. in-8, front. de Bracquemond, dos et coins de mar. rouge, dos orné, fil., tête dor., non rog. (*Lemardeley.*)

144. **Augier** (Émile). La Ciguë, comédie en deux actes et en vers. *Paris, Furne*, 1844, in-12. — Le Fils de Giboyer, comédie en cinq actes en prose. *Paris, Michel Lévy fr.*, 1863, in-8, portrait de l'auteur ajouté, gravé par Guillaumot, épreuve sur Chine. — 2 vol. cartonnés toile.

Éditions originales.

145. **Autran** (Joseph). Ludibria ventis, poésies nouvelles, par Joseph Autran. *Paris, Rossignol*, 1838, in-8, cartonn. toile grise, ébarbé, non rog., couverture. (*Pierson.*)

Édition originale.
De la collection P. Arnauldet.

146. **Balzac** (H. de). Les cent Contes drolatiques, colligez ès abbaïes de Touraine et mis en lumière par le sieur de Balzac. *Paris, Charles Gosselin*, 1832-1833, 1837, 3 vol. in-8, mar. rouge, jans., dent. int., tr. dor. (*Cuzin.*)

Édition originale. Très bel exemplaire ayant fait partie de la collection du baron Lebarbier de Tinan.
Avec un portrait de Balzac, ajouté, gravé à l'eau-forte par *H. E. Lessore*.

147. **Balzac** (H. de). Le Lys dans la Vallée. *Paris, Werdet* (*Impr. de Béthune et Plon*), 1836, 2 vol. in-8, cartonn. dos et coins de mar. grenat, non rognés. (*Lemardeley.*)

Bel exemplaire de l'Édition originale.
Le tome Ier contient une introduction historique du procès auquel a donné lieu ce roman, intenté par M. Buloz, directeur de la *Revue de Paris*, à Balzac.

148. **Balzac** (H. de). Histoire de la grandeur et de la décadence de César Birotteau. Nouvelle scène de la vie parisienne. *Paris, chez l'éditeur*, 1838, 2 vol. in-8, cartonn. toile brune, ébarbés. (*Pierson.*)

Édition originale.
Bel exemplaire avec les couvertures.

149. **Balzac** (H. de). Pierrette. Scène de la vie de province. *Paris, Hipp. Souverain*, 1840, 2 tomes en 1 vol. in-8, dos et coins de mar. rouge jans., têtes dor., ébarbés. (*Lemardeley.*)

Édition originale.
Exemplaire ayant fait partie de la collection du baron Lebarbier de Tinan.

150. **Balzac** (H. de). Ursule Mirouët. *Paris, Hipp. Souverain*, 1842, 2 vol. in-8, dos et coins de mar. rouge jans., têtes dor., ébarbés. (*Lemardeley.*)

Édition originale.
Exemplaire de la bibliothèque du baron Lebarbier de Tinan.

151. **Balzac** (H. de). Mercadet, comédie en trois actes et en prose. *Paris, Librairie théâtrale*, 1851, in-12, cartonn. toile brune, non rogné.

Édition originale.

152. **Banville** (Théodore de). Poésies. 1841-1854, *Paris, Poulet-Malassis et de Broise*, 1857, in-12, mar. rouge, dos orné, large dent. à petits fers XVIIIe siècle sur les plats, dent. int., tr. dor. (*Raparlier.*)

Première édition collective.
Exemplaire sur papier de Hollande, orné d'un frontispice gravé à l'eau-forte par *Louis Duveau*, en double épreuve, dont une sur chine.
Riche reliure.

153. **Banville** (Théodore de). Les Cariatides. *Paris, Pilou*, 1842, in-12, cartonn. demi-vélin blanc. (*Couvert.*) — Améthystes. Nouvelles odelettes amoureuses, composées sur des rythmes de Ronsard. *Paris, Poulet-Malassis*, 1862, pet. in.-12 de 48 pages, cartonn. toile. — Les Exilés. *Paris, Alph. Lemerre*, 1867, in-12, portrait, dos et coins de mar. vert, dos orné, fil., tête dor. (*Pouget.*) — Ensemble 3 vol.

Éditions originales.

154. **Banville** (Théodore de). Les Stalactites. *Paris, Paulier*, 1846, in-8, cartonné en veau gris, non rogné. (*Couvert.*)

Édition originale. Exemplaire portant sur le faux-titre l'envoi suivant : *A Monsieur Frédérick Lemaître. Hommage de l'auteur.* Théodore de Banville.

155. **Banville** (Théodore de). Odelettes, *Paris, Michel Lévy frères*, 1856, in-12 de 58 pages. cartonn. en satin vert olive, broché, tête dor., non rogné. (*Couvert.*)

Édition originale.
Exemplaire avec envoi d'auteur adressé à M. Hipp. Fortoul, ministre de l'Instruction publique.

156. **Banville** (Théodore de). Odes funambulesques, avec un frontispice gravé à l'eau-forte par Bracquemond, d'après un dessin de Charles Voillemot. *Alençon, Poulet-Malassis et de Broise*, 1857, in-12, demi-rel. mar. brun, tête dor., ébarbé, couverture. (*Lortic.*)

Édition originale.
Exemplaire imprimé sur papier vergé, pour Charles Baudelaire, il est non cartonné. et le frontispice est en double état.

157. **Banville** (Théodore de). Esquisses parisiennes. Scènes de la vie. *Paris, Poulet-Malassis et de Broise*, 1859, pet. in-8, dos et coins de mar. vert, dos orné, fil., tête dor., ébarbé. (*E. Pouget.*)

158. **Banville** (Théodore de). Petite bibliothèque des curieux. Les Camées parisiens. Frontispice, avec portraits à l'eau-forte de Ulm. *Paris, René Pincebourde*, 1866, 2 vol. — Troisième et der-

nière série. *Paris, René Pincebourde*, 1873, 1 vol. — Ensemble 3 vol. in-12, dos et coins de mar. vert, dos ornés, tête dor., ébarbés, couvertures. (*Pouget.*)

Éditions originales ; imprimées à petit nombre sur papier de Hollande.
Le frontispice d'Ulm (portrait de l'auteur entouré de 16 camées, est répété en tête de la 3e série.

159. **Banville** (Théodore de). Poésies. Idylles prussiennes (1870-1871). *Paris, Alph. Lemerre*, 1872, in-12, mar. orange, dos orné, comp. de 3 fil., dent. int., tr. dor. (*Cuzin.*)

Un des 25 exemplaires imprimés sur papier de Hollande.

160. **Banville** (Théodore de). Trente-six ballades joyeuses, précédées d'une histoire de la ballade, par Ch. Asselineau. *Paris, Alph. Lemerre*, 1873, in-8, mar. citron, dos orné, dent. à l'oiseau, dent. int., tête dor. (*Allô.*)

Édition originale. Exemplaire imprimé sur papier de Chine.
Exemplaire Arnauldet.

161. **Barbey d'Aurevilly** (Jules). Les Poésies sans rythmes. Les quarante heures; Les Trois tasses de thé: 2 pièces de 3 pages chacune, reliées en 1 vol. pet. in-4, veau gris, tête dor. (*Reliure souple.*)

Manuscrit original de Barbey d'Aurevilly.
La première pièce a été composée spécialement par l'auteur pour son frère l'abbé Léon Barbey d'Aurevilly, le dimanche gras 1859. « c'est le jour des masques pour moi — pour toi le jour des quarante heures » ! La seconde pièce est écrite à l'encre rouge.

162. **Barbey d'Aurevilly** (Jules). Notes manuscrites autographes, signées, 10 ff. pet. in-fol., vélin blanc, tête dor.

Étude sur l'auteur de la préface de *Les Œuvres et les hommes*, 2e *volume. Les Historiens*. 5 ff. — *Une exposition d'avant-garde* Sur la statue de Jeanne d'Arc de Fremiet) 3 ff. — *Patiens quia eterna* prononcé par l'Évêque de Vannes, 2 ff.
Ces trois articles de Jules Barbey d'Aurevilly sont entièrement autographes et signés, ils sont écrits en encres rouge et noire, avec titres en encre dorée : nombreuses corrections et ratures.
Chaque feuillet est collé à plat sur bristol.

163. **Barbey d'Aurevilly** (Jules). Poésies. *Caen, impr. Hardel*, 1854, in-16 carré, cartonn., de mar. vert clair, jans., à longs grains, tête dor., ébarbé. (*R. Petit.*)

Ce volume n'a pas de titre et contient 12 pièces de vers, en voici la collation : 1 feuillet, le recto est blanc ; au verso : Imprimé à xxxvi exemplaires par les soins de G. S. Trébutien, chez Hardel à Caen m.dccc liv., 1 feuillet (au recto les armes de Barbey d'Aurevilly, blanc au verso) ; 47 feuillets y compris la dédicace signée de l'auteur et 1 feuillet non chiffré, contenant au recto la table, blanc au verso : couverture grise, ne contenant aucune impression.
Au bas du verso du premier feuillet, une note autographe de l'auteur, écrite à l'encre bleue et rouge, portant *Exemplaire de mise en train donné à Mme Louise Trolley;* une note au crayon placée au recto de ce même feuillet,

indique que cet exemplaire a servi à Poulet-Malassis pour la réimpression des poésies de J. B. d'Aurevilly, qu'il a faite à 72 exemplaires, à Bruxelles en 1870.

De la collection P. Arnauldet, avec son chiffre sur le dos et aux angles des plats de la reliure.

164. **Barbey d'Aurevilly** (Jules). L'Amour impossible, chronique parisienne. Dédié à la marquise Armance D... V... *Paris, impr. de Delanchy*, 1841, in-8, demi-rel. mar. lilas, fil., tête dor., ébarbé. (*R. Petit.*)

Édition originale. Exemplaire de Sainte-Beuve, contenant des soulignures de sa main et provenant de la collection Arnauldet.

165. **Barbey d'Aurevilly** (Jules). La Bague d'Annibal. *Paris, Duprey* (*Caen, Impr. de F. Poisson*), 1843, in-16, demi-rel. mar. brun, tête dor., ébarbé. (*Lortic.*)

Édition originale, imprimée à très petit nombre.

Exemplaire de Poulet-Malassis, un des deux imprimés sur papier vergé, auquel on a joint une lettre d'envoi autographe de Trebutien.

On y a ajouté une carte contenant la signature de Jules Barbey d'Aurevilly avec ces mots : *Je voudrais vous voir.*

166. **Barbey d'Aurevilly** (Jules). Les Prophètes du passé. *Paris, L. Hervé* (*Caen, impr. de A. Hardel*), 1851, in-12, cartonn., dos de mar. grenat, non rogné.

Édition originale, le titre est taché.

167. **Barbey d'Aurevilly** (Jules). Une vieille maîtresse. *Paris, Alexandre Cadot*, 1851, 3 vol. in-8, cartonn., demi-mar. vert à longs grains, non rognés.

Édition originale; les couvertures de cet exemplaire n'ont pas le nom imprimé du roman.

168. **Barbey d'Aurevilly** (Jules). Deux Rhythmes oubliés. *Caen, Impr. de Buhour*, 1857, in-16 carré de 16 pages, demi-rel. mar. vert, tête dor., non rogné. (*Lortic.*)

Contient : *Laocoon* et *Les Yeux caméléons*.

Édition originale, publiée par Trébutien. Imprimé à 36 exemplaires, non mis dans le commerce.

Exemplaire de Poulet-Malassis, avec un envoi et une page autographes de l'auteur, contenant la liste des Rhythmes oubliés, publiés, et à publier.

169. **Barbey d'Aurevilly** (Jules). Le Pacha. Rhythme oublié. *Caen, Impr. de F. Le Blanc-Hardel*, 1869, in-16 carré de 12 pag., impression rouge et noire, demi-rel. mar. rouge, jans., tête dor., ébarbé. verso de la couvert. (*Amand.*)

Édition originale, imprimée à 36 exemplaires.

170. **Barbey d'Aurevilly** (Jules). Poésies commentées par lui-même. *S. l.* (*Bruxelles, Impr. de J. H. Briard*), 1870, gr. in-8

de 70 pages, cartonn., dos et coins de mar. rouge, non rog. (*Couvert.*)

Édition imprimée à 72 exemplaires sur papier vergé de Hollande.

On a ajouté à cet exemplaire une pièce de vers, autographe de Jules Barbey d'Aurevilly, composée de plusieurs strophes, écrite moitié à l'encre rouge, moitié au crayon, avec nombreux changements et corrections.

171. **Barbey d'Aurevilly** (Jules). Les Diaboliques. *Paris, E. Dentu*, 1874, in-12, mar. rouge, milieu formé de diables dansant et de torches, fleuron aux angles et dos orné de diables, dent. int., tête dor., ébarbé. (*Gruel.*)

Bel exemplaire de l'Édition originale, auquel on a ajouté 3 pages autographes de l'auteur. La première écrite à l'encre rouge, les deux autres au crayon. Ce sont des notes sur Byron et Shakespeare.

172. **Barbey d'Aurevilly** (Jules). Œuvres. Les Diaboliques. — Les six premières. — *Paris, Alph. Lemerre*, 1883, in-16, mar. noir, diable sur le dos et aux angles des plats, tête dor., ébarbé. (*Rel. souple de Gruel.*)

Un des 20 exemplaires imprimés sur papier Whatman.

173. **Barbey d'Aurevilly** (abbé). Rosa mystica, par un missionnaire. *Caen, Impr. de A. Hardel*, 1856, in-16 de 44 pages, pap. de Holl., demi-rel. mar. grenat, tête dor., couvert. (*R. Petit.*)

Le missionnaire est M. l'abbé Léon Barbey d'Aurevilly, frère de Jules Barbey d'Aurevilly.

Édition originale publiée par les soins de M. G. Trébutien, et non mise dans le commerce.

Exemplaire d'Arnauldet.

174. **Barbier** (Auguste). Iambes. *Paris, Urbain Canel et Ad. Guyot*, 1832, in-8, mar. rouge, dos orné, fil., dent. int., tr. dor. (*Amand.*)

Édition originale, le premier plat de la reliure est orné d'un bonnet phrygien de mar. rouge, sur fond de mar. vert.

175. **Barbier** (Auguste). Nouvelles satires. *Paris, P. Masgana*, 1840, in-8, dos et coins de mar. bleu, dos orne, fil., tête dor., ébarbé. (*Pouget.*)

Édition originale.

176. **Barbier** (Auguste). Rimes héroïques. *Paris, P. Masgana*, 1843, in-12, dos et coins de mar. bleu, dos orné, fil., tête dor., non rogné. (*Pouget.*)

Édition originale.

177. **Barillot**. La Folle du Logis. Poésies, chansons et ballades. *Paris, Coulon*, 1855, in-12, cartonn., demi-rel. mar. citron, non rogné. (*Couvert.*) — Polichinelle aux champions de Rigolboche. *Paris, Marpon*, 1860, in-12 de 44 pages, cartonn., demi-mar. brun, plats vélin, non rogné. (*Couvert.*)

Éditions originales.

178. **Barthet** (Armand). La Fleur du panier, poésies. *Paris, J. Dagneau*, 1853, pet. in-12 de 108 pages, papier vélin, cartonn., demi-toile, non rog. (*Couvert.*)

Édition originale.

179. **Bataille** (Ch.). Les Nouveaux mondes, poëmes périodiques. — Le Monde interlope. *Paris, L. Masgana*, 1859, pet. in-8 de 90 pages, cartonné toile. — Gill (A.). La Muse à Bibi. *Paris, Marpon*, 1882, in-12 de 98 pages, cartonné en demi-mar. bleu. (*Lemardeley.*) Exemplaire imprimé sur papier de Hollande. — Sensations de Paris. Le Quartier Latin, par Maurice Barrès. *Paris, Dalou*, 1888, in-12, fig. broché. Exemplaire imprimé sur papier du Japon. — Ens. 3 vol.

180. **Baudelaire** (Charles). Les Fleurs du Mal. *Paris, Poulet-Malassis et de Broise* (*Alençon, Impr. des mêmes*), 1857, in-12, papier vélin, mar. bleu foncé, jans., dent. int., ébarbé. (*Gruel.*)

Bel exemplaire de l'Édition originale, sans suppressions.
Exemplaire avec une vignette sur chine, par *Gérard*, ajoutée en tête de la XIIe pièce : *La Vie antérieure*.

181. **Baudelaire** (Charles). Les Fleurs du mal. Seconde édition, augmentée de trente-cinq poëmes nouveaux et ornée dun portrait dessiné et gravé par Bracquemond. *Paris, Poulet-Malassis*, 1861, in-12, demi-rel. chag. rouge, tête dor., non rogné. (*Couvert.*)

182. **Baudelaire** (Charles). Les Paradis artificiels. Opium et Haschisch. *Paris, Poulet-Malassis et de Broise*, 1861, pet. in-8, cartonn., dos et coins de mar. vert, non rogné. (*Couvert.*)

Édition indiquée souvent comme l'édition originale. La couverture de cet exemplaire porte la date de 1860.

183. **Baudelaire** (Charles). Souvenirs. Correspondance. Bibliographie, suivie de pièces inédites (par Charles Asselineau). *Paris, René Pincebourde*, 1872, in-8, dos et coins de mar. bleu, dos orné, fil., tête dorée, non rogné, couverture. (*Pierson.*)

Édition originale. Exemplaire imprimé sur papier de Hollande, orné d'un portrait de Charles Asselineau, gravé à l'eau-forte par *Régamey*, d'un portrait de Ch. Baudelaire, par *Bracquemond*, et de 3 croquis de Charles Baudelaire, publiés à Bruxelles en 1864.

184. **Belligéra** (Fernand). Miettes d'amour. *Paris, sous la Galerie de l'Odéon* (*Sceaux, impr. de Munzel frères*), 1857, in-16, frontispice de L. Flameng, gravé à l'eau-forte, cartonn. de veau olive, tête dor., non rogné. (*Rel. souple.*)

Édition originale.
Belligéra est le pseudonyme du libraire Tandou qui se pendit le 13 janvier 1865.

185. **Borel** (Petrus). Rhapsodies. *Paris, Levavasseur* (*Impr. de A. Barbier*), 1832, in-16, fig., mar. bleu, comp. de filets, dent. int., tête dor., ébarbé. (*Petit.*)

Édition originale, illustrée de 3 figures lithographiées à la manière noire, signées *T. Napol.* (Napoléon Thomas, ami de l'auteur).

Bel exemplaire avec sa couverture imprimée, provenant de la collection Arnauldet.

186. **Borel** (Petrus). Rhapsodies, par Petrus Borel, 2e édition. *Palais Royal, Bousquet Sr de Levavasseur* (*Impr. de A. Barbier*), 1833, in-16, titre gravé à l'eau-forte, de Célestin Nanteuil, cartonn. demi-toile, non rogné.

Édition rare. C'est l'édition originale de 1832 avec un nouveau titre. Le frontispice de *Célestin Nanteuil* remplace celui de Bouchardy, de la première édition.

187. **Borrelli** (Vicomte de). Rana. Sonnets d'artiste. Pièces diverses. *Paris, Alph. Lemerre*, 1887, in-8, cartonn. demi-toile, non rog. couvert. (*Lemardeley.*)

Édition originale.

188. **Bouchor** (Maurice). Les Poëmes de l'Amour et de la Mer. — Le Faust moderne. Histoire humoristique en vers et en prose. *Paris, Charpentier*, 1876-1878, 2 vol. in-12, cartonn. demi-toile, non rog. couvert. (*Lemardeley.*)

189. **Bouilhet** (Louis). Melænis, conte romain. *Paris, Michel Lévy fr.*, 1857, in-12, cartonn., demi-toile, non rog. (*Couvert.*)

Première édition de ce format.

190. **Bouilhet** (Louis). Poésies, festons et astragales. *Paris, Librairie nouvelle, A. Bourdilliat*, 1859, in-12, vélin blanc à recouv., tête dor. (*Couvert.*)

Édition originale.

191. **Bouilhet** (Louis). Dernières Chansons, poésies posthumes de L. Bouilhet, avec une préface par Gustave Flaubert. *Paris, Michel Lévy*, 1872, in-8, portrait de L. Bouilhet, gravé à l'eau-forte par Léopold Flameng, cartonn. demi-mar. rouge, jans. non rog. (*Couvert.*)

192. **Bourget** (Paul). Les Aveux, poésies. — Edel, poëme. — La Vie inquiète. *Paris, Alph. Lemerre*, 1875-1878-1882, 3 vol. in-12, cartonn. demi-mar. vert, non rog., couvert. (*Lemardeley.*)

Éditions originales.
Exemplaires avec envoi d'auteur.

193. **Bourget** (Paul). Poésies, 1872-1876 (Au bord de la Mer. — La Vie inquiète. — Petits poëmes). — Poésies, 1876-1882 (Edel. — Les Aveux). *Paris, Alph Lemerre*, 1885-1886, 2 vol. in-12, mar. citron, dos orné, fil., et fleurons, tête dor., ébarbés. (*Gruel.*)

Premières éditions collectives; un des 10 exemplaires sur papier du Japon, orné d'un portrait de l'auteur, gravé à l'eau-forte, en double épreuve.

194. **Bourget** (Paul). L'Irréparable. Deuxième amour. — Profils perdus. *Paris, Alph. Lemerre*, 1884, in-12, mar. rouge, jans., chiffre sur les plats, dent., int., tête dor., non rogné, couvert. (*Gruel.*)

Édition originale.
Un des 5 exemplaires imprimés sur papier de Chine.

195. **Bourget** (Paul). Cruelle énigme. *Paris, Alph. Lemerre*, 1885, in-12, mar. rouge, jans., chiffre sur les plats, dent. int., tête dor., non rogné, couvert. (*Gruel.*)

Édition originale.
Exemplaire imprimé sur papier de Chine avec un envoi de l'auteur : *A mon ami Edm. T..., souvenir de son dévoué*, Paul Bourget.

196. **Bourget** (Paul). Nouveaux essais de Psychologie contemporaine. M. Dumas fils. — M. Leconte de Lisle. — MM. de Goncourt. — Tourgueneff. — Amiel. *Paris, Alph. Lemerre*, 1886, in-12, en feuilles, renfermé dans un étui cartonné.

Exemplaire formé d'épreuves, portant de nombreuses corrections autographes de l'auteur.

197. **Bourget** (Paul). Un Crime d'amour. *Paris, Lemerre*, 1886, in-12, mar. rouge, chiffre sur les plats, tête dor., ébarbé. (*Gruel.*)

Édition originale.
Exemplaire imprimé sur papier du Japon.

198. **Bourget** (Paul). André Cornélis. *Paris, Alphonse Lemerre*, 1887, in-12, en feuilles, renfermé dans un étui cartonné.

Exemplaire formé d'épreuves, portant de nombreuses corrections autographes de l'auteur.

199. **Bourget** (Paul). Le Disciple. *Paris, Alph. Lemerre*, 1889, in-12, mar. rouge, jans., chiffre sur les plats, dent. int., tête dor., non rogné, couverture. (*Gruel.*)

Édition originale. Un des 25 exemplaires imprimés sur papier de Chine.

200. **Bourget** (Paul). Études et portraits. — Portraits d'écrivains. — Notes d'esthétique. — Études anglaises. — Fantaisies. *Paris, Alph. Lemerre*, 1889, 2 vol. in-12, mar. vert olive, fil. sur le dos et les plats, dent. int., tête dor., ébarbé (*Gruel.*)

Édition originale. Exemplaire imprimé sur papier Whatman, avec envoi d'auteur.

201. **Bourget** (Paul). Romans. *Paris, Alph. Lemerre*, 1885-1889, 6 vol. in-12, cartonn., demi-mar. vert, non rog. (*Couvert.*)

Cruelle Énigme. — Un Crime d'amour. — Mensonges. — André Cornélis (envoi de l'auteur). — Le Disciple. — Pastels. Dix portraits de femmes.
Éditions originales.

202. **Bourget** (Paul). Un Cœur de femme. *Paris, Alph. Lemerre*, 1890, in-12, mar. citron, comp. de fil. sur le dos et les plats, dent. int., tête dor., ébarbé. (*Gruel.*)

Édition originale.
Un des 25 exemplaires imprimés sur papier de Chine.

203. **Brizeux** (A.). Marie. Troisième édition. *Paris, P. Masgana*, 1840, in-12, cartonn. demi-toile bleue, non rog. — Pr. Jourdan. Rosine et Rosette. Nouvelle en vers. *Paris, Poulet-Malassis*, 1862, in-12, cartonn., demi-mar. brun, non rog. (Envoi d'auteur.) — Ern. Prarond. Les Impressions et Pensées d'Albert. *Paris, Michel Lévy frères*, 1854, in-12, cartonn., demi-toile, non rog.

204. **Bruant** (Aristide). Dans la rue. Chansons et monologues. Dessins de Steinlen. *Paris, Aristide Bruant, auteur éditeur, s. d.* (1889), in-12, cartonn. demi-vélin blanc, non rog. (*Couvert.*)

Édition originale.
Exemplaire imprimé sur papier du Japon.

205. **Cantel** (Henri). Impressions et visions, précédées d'une préface par Hipp. Babou. *Paris, Poulet-Malassis et de Broise*, 1859, pet. in-8, cartonn. toile, non rog. (*Pierson.*) — Son Mouchoir, poème galant. *Paris, Faure*, 1868, in-12 cartonn. toile brune, non rog. (*Couvert.*)

Éditions originales.

206. **Cantel** (Henri). Amours et Priapées, par Henri Cantel. *Lampsaque* (*Bruxelles, Poulet-Malassis*), 1869, gr. in-8, de 148 pages, eau-forte frontispice, dos et coins de mar. rouge, fil. à froid, tête dor., ébarbé. (*Van Roosbroek.*)

Publication imprimée à petit nombre sur papier de Hollande, frontispice sur chine, par *Félicien Rops*. On y a ajouté une seconde épreuve du frontispice, également sur chine.

207. **Caze** (Robert). La Foire aux peintres. Extrait de Lutèce (nos 172 à 175). *Paris, L. Vanier*, 1885, pet. in-12 de 36 pages, cartonn., dos de toile grise, non rog., couverture. (*Lemardeley.*)

Édition originale, imprimée à 59 exemplaires.

208. **Champfleury**. Souvenirs des Funambules. *Paris, Mich. Lévy fr.*, 1859, 4 eaux-fortes de Legros. — Les Aventures de Mademoiselle Mariette, avec quatre eaux-fortes dessinées et gravées par Morin, *Paris Poulet-Malassis*, 1862. Ensemble, 2 vol. in-12., demi-rel. mar. vert, plats vélin, têtes dor., non rog. (*Couvert.*)

Éditions originales.

209. **Champfleury**. Les Souffrances du professeur Delteil, vignettes par Crafty. *Paris, J. Rothschild*, 1870, in-8, fig., demi-rel. mar. citron jans., tête dor., non rog., couverture. (*R. Petit.*)

Exemplaire imprimé sur papier de Chine, ayant fait partie de la collection P. Arnauldet.

210. **Chatillon** (Auguste de). A la Grand'Pinte, poésies. Avec une préface de Théophile Gautier. Deuxième édition. *Paris, Poulet-Malassis et de Broise*, 1860, pet. in-8, dos et coins de chag. rouge, dos orné, tête dor., ébarbé. — La Levrette en pal'tot. *S. l. n. d.* titre et 6 planches, avec texte gravé à l'eau-forte, en 1 vol. in-4°, toile orange.

211. **Chennevières** (Ph. de). Les derniers contes de Jean de Falaise, avec une eau-forte de J. Buisson. *Paris, Poulet-Malassis et De Broise*, 1860, in-12, cartonn. toile rouge, non rog. (*Pierson.*)

Édition originale.
Un des quelques exemplaires imprimés sur papier vergé.

212. **Constant** (Benjamin). Adolphe, anecdote trouvée dans les papiers d'un inconnu. *Londres et Paris,* 1816, in-12, cartonn., dos de veau brun, non rog. (*Pierson.*)

Édition originale. Rare.

213. **Coppée** (François). Intimités. — Le Luthier de Crémone, comédie en 1 acte. *Paris, Alph. Lemerre,* 1868-1876, 2 vol. in-12, cartonn. en soie brochée, non rog. (*Couvert.*)

Éditions originales. Le premier ouvrage est imprimé sur papier de Chine.

214. **Coppée** (François). Le Passant, comédie en un acte, en vers. *Paris, Alph. Lemerre*, 1869, in-12, de 34 pages, mar. bleu, dent. int., tête dor. (*Couvert.*)

Édition originale. Un des 15 exemplaires imprimés sur papier de Chine, avec envoi d'auteur à Philippe Burty.

215. **Coppée** (François). Le Passant, comédie en un acte, en vers. *Paris, Alph. Lemerre*, 1889, in-4° de 30 pages, cartonné en satin rose, broché, non rogné.

Un des 5 exemplaires imprimés sur papier du Japon.

216. **Corbière** (Tristan). Les Amours jaunes. *Paris, Glady*, 1873, pet. in-8, front. gravé à l'eau-forte, dos et coins de mar. citron, dos orné, fil., tête dor., ébarbé. (*Pouget.*)

Édition originale.
Exemplaire avec envoi autographe (au crayon) de l'auteur à Henri Monnier.

217. **Cros** (Charles). Le Coffret de Santal. *Paris, Alph. Lemerre, Nice, J. Gay et fils*, 1873, pet. in-12, carton. demi-toile bleue, non rogné. (*Couvert.*)

Édition originale.
Exemplaire imprimé sur papier vergé.

218. **Daudet** (Alphonse). Les Amoureuses, poésies. *Paris, Jules Tardieu*, 1858, in-16 de 64 pages, papier vélin, mar. rose, jans., dent. int., tête dor., ébarbé. (*Gruel.*)

Édition originale.

219. **Daudet** (Alphonse). La double conversion, conte en vers. *Paris, Poulet-Malassis et de Broise*, 1861, pet. in-12, front., cartonn. de veau gris, couverture, non rogné. (*Rel. souple.*)

Édition originale. Exemplaire auquel on a ajouté un billet autographe de l'auteur.

220. **Daudet** (Alphonse). Le Roman du Chaperon rouge, scènes et fantaisies. *Paris, Michel Lévy fr.*, 1862, in-12, cartonn. toile rouge, couverture. (*Pierson.*)

Édition originale. La couverture n'est pas fraîche.

221. **Daudet** (Alphonse). Fromont jeune et Risler aîné, mœurs parisiennes. *Paris, Charpentier*, 1874, in-12, dos et coins de mar. rouge, jans., tête dor., ébarbé. (*Lemardeley.*)

Édition originale.

222. **Daudet** (Alphonse). Le Nabab, mœurs parisiennes. *Paris, G. Charpentier*, 1877, in-12, cartonn. toile verte, non rogné. (*Couvert.*)

Édition originale.
Exemplaire imprimé sur papier de Hollande.

223. **Daudet** (Alphonse). Numa Roumestan, mœurs parisiennes. *Paris, G. Charpentier*, 1881, in-12, cartonn. dos de mar. grenat, non rogné. (*Couvert.*)

Édition originale.

224. **Daudet** (Alphonse). Sapho, mœurs parisiennes. *Paris, G. Charpentier*, 1884, in-12, cartonn. demi-toile, non rog., couverture. (*Lemardeley.*)

Édition originale.

225. **Delavigne** (Casimir). Marino Faliero, représenté pour la première fois sur le théâtre de la Porte-Saint-Martin, le 30 mai 1829. *Paris, Ladvocat et J. N. Barba*, 1829, in-8, cartonn. demi-toile bleue, non rog. (*Couvert.*)

Édition originale : exemplaire très frais.

226. **Delavigne** (Casimir). Louis XI, tragédie en cinq actes et en vers. *Paris, Barba*, 1832, in-8, cartonn., dos et coins de mar. grenat, plats papier japonais, non rogné. (*Couvert.*)

Édition originale. Exemplaire auquel on a ajouté un portrait de Casimir Delavigne, extrait du *Monde Dramatique*, et une lithographie de V. *Adam* représentant différentes scènes de la pièce.

227. **Delavigne** (Casimir). Théâtre. 3 vol. in-8, cartonnés.

Les Enfants d'Édouard, tragédie. *Paris, Ladvocat*, 1833. — Don Juan d'Autriche, comédie. *Paris, Barba*, 1846. Gravure de *Célestin Nanteuil* ajoutée, extraite du *Monde Dramatique* et envoi d'auteur à M. Comte. — La Fille du Cid, tragédie. *Paris, Ch. Tresse*, 1840.
Éditions originales. Exemplaires avec les couvertures.

228. **Delecluze** (E.-J.). Mademoiselle Justine de Liron et le mécanicien roi, nouvelles. *Paris, Ch. Gosselin*, 1832, in-8, cartonn. en papier japonais, couverture. (*Pierson.*)

Édition originale. Exemplaire avec envoi d'auteur.

229. **Delvau** (Alfred). Aucassin et Nicolette, roman de chevalerie provençal-picard, publié avec introduction et traduction par Alfr. Delvau. *Paris, Bachelin-Deflorenne*, 1866, in-8, carton. demi-rel. mar. rouge à longs grains, non rog.

Imprimé à 150 exemplaires dont 100 ont été mis dans le commerce.

230. **Delvau** (Alfred). 5 vol.

Les Dessous de Paris, avec une eau-forte de Léopold Flameng. *Paris, Poulet-Malassis et de Broise*, 1860, in-12, demi-rel. chag. rouge. tête dor. (*Couvert.*) — Le Fumier d'Ennius, avec une eau-forte de L. Flameng, *Paris, Ach. Faure*, 1865, in-12, dos et coins de mar. grenat, tête dor. — Henry Murger et la Bohème, eau-forte par G. Staal. *Paris, Bachelin-Deflorenne*, 1866, pet. in-12. cart. toile. — Les Sonneurs de sonnets, 1540-1866. *Paris, Bachelin-Deflorenne*, 1867, in-16, papier vergé, demi-rel. mar. violet, tête dor. — Les Lions du jour. Physionomies parisiennes. *Paris, E. Dentu*, 1867, in-12, cartonné.

Éditions originales.

231. **Delvau** (Alfred) et Pierre **Bry**. Mémoires d'un vieux sou. *Paris, Lécrivain et Toubon*, 1859, gr. in-8 à 2 col., 48 pages, cartonn. demi-percal. brune. (*Lemardeley.*)

Les *Mémoires d'un vieux sou* finissent à la page 47 : la page 48 renferme *Le Cabaret du père Cense*, par Delvau, couverture imprimée tenant lieu de titre. Édition originale.

232. **Deroulède** (Paul). Chants du Soldat. — Marches et sonneries. *Paris, Calmann-Lévy*, 1878-1881, 2 vol. in-16, le premier cartonné en demi-mar. grenat, non rog. ; le second en demi-vélin blanc. Ens. 2 vol., avec leurs couvertures.

Le premier ouvrage est imprimé sur papier de Hollande ; le second. est en édition originale.

233. **Desbordes-Valmore** (Madame). Poésies. *Paris, A. Boulland*, 1830, 2 vol. in-8, figure en tête de chaque volume, gravées par Frilley et Cousin, d'après A. Pujol et Tony Johannot, brochés.

234. **Desnoyers** (Fernand). Le Théâtre de Polichinelle, prologue en vers, pour l'ouverture du théâtre de Marionnettes, dans le Jardin des Tuileries. *Paris, Poulet-Malassis et de Broise*, 1861, petit in-8, couverture illustrée. — Chansons parisiennes. *Paris, Pick de l'Isère*, 1865. — Le Vin. Vers fantasques. La Campagne. *Paris, Typog. Alcan Lévy*, 1869, in-16, portrait. Ensemble 3 vol. cartonn., demi-toile et demi-mar. r., non rognés.

Éditions originales.

235. **Dierx** (Léon). Les Lèvres closes. *Paris, Alph. Lemerre*, 1867, in-12, cartonn. demi-toile verte, non rog., couvert. (*Lemardeley.*)

Édition originale.
Un des 5 exemplaires imprimés sur papier de Hollande.

236. **Dierx** (Léon). Poésies (1864-1872). Édition refondue, corrigée et augmentée. *Paris, Alph. Lemerre*, 1872, in-12, dos et coins de mar. bleu, fil., tête dor., non rogné. (*Lemardeley.*)

Exemplaire imprimé sur papier de Chine.

237. **Discours** de réception prononcés à l'Académie française. *Paris, Typogr. de Firmin Didot*, 1845-1895, 8 vol. in-4°, dont 7 en demi-rel. ou demi-cartonnage toile, et 1 broché.

Discours de Sainte-Beuve. Réponse de Victor Hugo, 27 février 1845. — Discours d'Alfred de Musset. Réponse de M. Nisard, 27 mai 1852. — Discours de M. de Laprade. Réponse de M. Vitet. 17 mars 1859. — Discours de M. Caro. Réponse de M. Camille Rousset. 11 mars 1875. (Envoi autographe de M. Caro.) — Discours de M. Dumas fils. Réponse de M. d'Haussonville. 11 février 1875. — Discours de M. Leconte de Lisle. Réponse de M. Alexandre Dumas, 31 mars 1887. (Envoi autographe de M. Alex. Dumas.) — Discours de M. Paul Bourget. Réponse de M. le Vte de Vogüé, 13 juin 1895. (Envoi autographe de M. Paul Bourget.)

Caro. Fragment d'une étude sur le XVIIIe siècle (Mme Du Deffand), lu dans la séance publique annuelle des cinq Académies, le 25 octobre 1880; Réponse de M. Caro au discours de M. Maxime Du Camp. 23 décembre 1880.

238. **Du Camp** (Maxime). Les Chants modernes. *Paris, Michel Lévy fr.*, 1855, in-8, demi-rel. mar. brun, tête dor., ébarbé. (*Lortic.*)

Un des 20 exemplaires imprimés sur papier grand jésus de Hollande.
Envoi d'auteur à M. Poulet-Malassis.

239. **Du Camp** (Maxime). Les Six aventures (Reis-Ibrahim. — L'Ame errante. — Tagabor. — L'Eunuque noir. — La Double aumône. — Les Trois vieillards de pierre. *Paris, Librairie Nouvelle*, 1857, in-8, dos et coins de vélin blanc, ébarbé.

Édition originale.
Un des 25 exemplaires imprimés sur papier de Hollande, de format in-8, non mis dans le commerce. Avec envoi d'auteur.
De la collection Arnauldet.

240. **Du Camp** (Maxime). Les Convictions. *Paris, Librairie Nouvelle*, 1858, in-8, demi-rel. mar. brun, tête dor., non rogné. (*Lortic.*)

Édition originale.
Exemplaire de Poulet-Malassis imprimé sur papier de Hollande, avec un envoi de l'auteur sur le faux-titre.

241. **Ducos Duhauron** (Al.). Les Noces de Poutomouphis. *Paris, Poulet-Malassis et de Broise*, 1861, pet. in-8 carré, de 120 pages, cartonn. demi-vélin blanc, non rog. (*Couvert.*)

Édition originale.

242. **Ducret** (Étienne). Le Théâtre de Guignol, drames, pochades et comédies burlesques, imités de Mourguet, Josserand, Villerme, précédé et suivi d'une notice historique et d'un glossaire du jargon lyonnais par Étienne Ducret, illustré par Randon. *Paris, Le Bailly, s. d.*, in-24, fig., cart. toile rouge, non rog., couvert. illust. (*Pierson.*)

Le frontispice est en double état (noir et colorié).

243. **Dujardin** (Édouard). A la gloire d'Antonia, avec un ex-libris, dessiné par Félicien Rops. *Paris, Librairie de la Revue indépendante*, 1887, gr. in-8 de 32 pages, cartonn. satin gris broché, non rogné. (*Laureaux.*)

Un des 35 exemplaires imprimés sur VÉLIN FRANÇAIS A LA CUVE. Envoi d'auteur.

244. **Dujardin** (Édouard). Pour la Vierge du roc ardent, avec un frontispice gravé à la pointe sèche et rehaussé d'aquarelle par Louis Anquetin. *Paris, Librairie de la Revue indépendante*, 1889, gr. in-8 de 40 pages, cartonn. étoffe brochée, non rogné.

Un des 35 exemplaires sur beau PAPIER WHATMAN.

245. **Dumas fils** (Alexandre). Péchés de jeunesse. *Paris, Fellens et Dufour*, 1847, in-8, mar. La Vall., jans., dent. tête dor. (*Gruel.*)

ÉDITION ORIGINALE.
Bel exemplaire, non rogné.

246. **Dumas fils** (Alexandre). Ce que l'on voit tous les jours. *Paris, Michel Lévy fr.*, 1853. — Un Cas de rupture. *Paris, Librairie Nouvelle*, 1854. — La Boîte d'Argent. *Paris, Michel Lévy frères*, 1855. — Ensemble 3 vol. in-16, demi-rel. et cartonn., non rognés. (*Couvert.*)

ÉDITIONS ORIGINALES.

247. **Dumas fils** (Alexandre). Le Demi-Monde, comédie en cinq actes, en prose. *Paris, Michel Lévy frères*, 1855, in-12, papier vélin, mar. noir, titre en longueur sur pièces de mar. rouge, dent. int., tête dor., non rogné, couverture. (*Gruel.*)

ÉDITION ORIGINALE.

248. **Dumas fils** (Alexandre). Le Filleul de Pompignac, comédie, par Alphonse de Jalin. *Paris, Michel Lévy frères*, 1859, in-12, cartonné toile.

ÉDITION ORIGINALE.
Exemplaire imprimé sur PAPIER DE HOLLANDE, avec envoi autographe d'Alexandre Dumas fils.
Les exemplaires imprimés sur ce papier offrent une particularité ; le nom d'Alphonse de Jalin ne se trouve que sur la couverture, le titre ne portant que « par M*** ».
Quoique son nom ne figure pas sur le titre, Dumas fils a collaboré à cette pièce, qu'il a réimprimée dans son Théâtre complet (*Théâtre des autres*). Vicaire, *Manuel de l'amateur de livres du XIXe siècle*.

249. **Dumas fils** (Alexandre). Théâtre, 3 vol. cartonnés toile et demi-vélin, non rognés.

Le Fils naturel, comédie en cinq actes. *Paris, Charlieu*, 1858, in-12. — Un Père prodigue, comédie en cinq actes. *Paris, Charlieu*, 1859, in-12. — L'Ami des femmes, comédie en cinq actes. *Paris, Alex. Cadot*, 1864, in-8, papier vélin fort, 2 portraits gravés à l'eau-forte. Alex. Dumas et Mlle Delaporte, par *Legénisel* et *Rajon*. (Envoi de l'auteur.)

250. **Dumas fils** (Alexandre). Affaire Clemenceau. Mémoire de l'accusé. *Paris, Michel Lévy frères* (*Clichy, Impr. Maurice Loignon*), 1866, gr. in-8, mar. rouge, dos orné, fil., doublé de mar. rouge avec dent. à comp., tête dor., ébarbé.

Édition spéciale, tirée à 100 exemplaires, numérotés, sur PAPIER DE HOLLANDE, non mis dans le commerce et distribués par l'auteur à ses amis.
Envoi de l'auteur à l'éditeur Curmer.

251. **Dumas fils** (Alexandre). Les Madeleines repenties. Refuge Saint-Anne, 31, rue du Landy (Clichy-la-Garenne). *Paris, E. Dentu*, 1869, in-12 de 36 pages, cartonn. toile, non rogné. (*Couvert.*)

ÉDITION ORIGINALE.

252. **Dumas fils** (Alexandre). Une Lettre sur les choses du jour. — Nouvelle Lettre sur les choses du jour. *Paris, Michel Lévy frères*, 1871-1872, 2 vol. in-12. — Nouvelle Lettre sur les choses du jour. *Paris Michel Lévy frères*, 1872, in-8, papier de Hollande, envoi d'auteur. — Ensemble 3 plaquettes cartonnées toile.

ÉDITIONS ORIGINALES.

253. **Dumas fils** (Alexandre). La Dame aux camélias, préface par M. Jules Janin. *Paris, Michel Lévy frères*, 1872, in-8, cartonn. toile jaune, non rogné, couverture. (*Pierson.*)

Édition spéciale, revue et corrigée par l'auteur, imprimée seulement à 300 exemplaires, sur PAPIER DE HOLLANDE, ornée d'un portrait de Marie Duplessis, gravé à l'eau-forte par *Le Rat*.
Exemplaire avec envoi d'auteur.

254. **Dumas fils** (Alexandre). Une Visite de noces, comédie en un acte. *Paris, Michel Lévy frères*, 1872, in-12, cartonn. toile orange, non rogné.

ÉDITION ORIGINALE.
On a ajouté à cet exemplaire un billet autographe de l'auteur, et un programme de représentation théâtrale, illustré par *Clairin*.

255. **Dumas fils** (Alexandre). Faust. Préface de la traduction nouvelle de M. Bacharach. *Paris, Impr. J. Claye*, 1873 in-8, de 100 pages, cartonn., demi-vélin blanc, non rogné, couvert. (*Pierson.*)

Exemplaire imprimé sur PAPIER DE HOLLANDE, avec envoi de l'auteur, sur le feuillet de garde.

256. **Dumas fils** (Alexandre). Monsieur Alphonse, pièce en trois actes. *Paris, Michel Lévy frères*, 1874, in-8, cartonn., demi-vélin blanc, non rogné, couverture. (*Pierson.*)

Édition originale.

Un des 25 exemplaires imprimés sur papier de Hollande, avec envoi d'auteur, sur le feuillet de garde.

257. **Feuillet** (Octave). Théâtre, 6 vol.

Un Bourgeois de Rome, comédie. *Paris, P. Masgana*, 1845, in-12, cartonné (Billet autographe de l'auteur). — Échec et mat, drame (avec la collaboration de P. Bocage). *Paris, Jérôme*, 1846, in-8, cartonné (Envoi de l'auteur). — Palma ou la nuit du Vendredi-saint. *Paris, Michel Lévy*, 1847, in-12, cartonné. — La Vieillesse de Richelieu, comédie (avec collaboration de Bocage). *Paris, Michel Lévy frères*, 1848, comédie, in-8, cartonné (Envoi des auteurs). — Dalila, drame. *Paris, Michel Lévy frères*, 1857, in-8, cartonné (Envoi et lettre autographes de l'auteur). — Le Cheveu blanc, comédie. *Paris, Michel Lévy frères*, 1860, in-12, cartonné (Billet autographe de l'auteur).

Éditions originales.

258. **Feu Séraphin**. Histoire de ce spectacle, depuis son origine jusqu'à sa disparition, 1776-1870. *Lyon, N. Scheuring*, 1875, in-8, dos et coins de mar. brun, jans., tête dor., non rogné, couverture. (*Gruel.*)

Édition originale.

259. **Feydeau** (Ernest). Fanny. Étude. *Paris, Amyot* (*Impr. J. Claye*), 1858, gr. in-8, mar. vert foncé, jans., dent. int., tête dor., ébarbé. (*Gruel.*)

Un des 100 exemplaires imprimés sur papier de Hollande. Portrait-charge de l'auteur, ajouté.

260. **Flan** (Alexandre). Rhythmes impossibles et jardin des racines françaises. *Paris, Ch. Grou*, 1867, in-12 de 124 pages, cartonn., demi-mar. citron, non rog., couverture. (*Lemardeley.*)

Édition originale.

261. **Flaubert** (Gustave). Madame Bovary. Mœurs de province. *Paris, Michel Lévy*, 1857, 2 vol. in-12, mar. citron, jans., dent. int., têtes dor., ébarbés, couvertures. (*Gruel.*)

Édition originale.

262. **Flaubert** (Gustave). Trois contes. Un Cœur simple. La Légende de Saint-Julien l'Hospitalier. Herodias. *Paris, Charpentier*, 1877, in-12, cartonn., demi-toile bleue, couverture. (*Lemardeley.*)

Édition originale.

263. **Fournel** (Victor). Du rôle des coups de bâton dans les relations sociales. *Paris, Delahays*, 1858, in-24, cartonné toile, couverture. — Larchey (Lorédan). Les Joueurs de mots. *Paris*, 1867, in-12, cartonn. demi-toile, couverture. (*Lemardeley.*)

264. **Fournier** (Édouard). Enigmes des rues de Paris : chroniques et légendes des rues de Paris. *Paris, E. Dentu*, 1860-1864, 2 vol. in-16, dos et coins de mar. rouge, têtes dor., ébarbés. (*Pouget.*)

Éditions originales.

265. **France** (Anatole). Les Poëmes dorés. *Paris, Alph. Lemerre*, 1873, in-12, cartonn. demi-toile bleue, non rogné. (*Lemardeley.*)

Édition originale, rare : avec la couverture.

266. **France** (Anatole). Les Noces corinthiennes (Leuconoé, la Veuve, la Pia, la Prise de voile, l'Auteur à un ami). *Paris, Alph. Lemerre*, 1876, in-12, cartonn. demi-toile rouge, non rog. (*Lemardeley.*)

Édition originale, rare : avec la couverture.

267. **France** (Anatole). Le Livre de mon ami. *Paris, Calmann Lévy*, 1885, in-12, demi-rel. mar. brun, non rogné. (*Lemardeley.*)

Édition originale.

268. **Fromentin** (Eugène). Dominique. *Paris, Librairie de L. Hachette*, 1863, in-12, dos et coins de mar. vert olive, dos orné, tête dor., ébarbé.

Édition originale.

269. **Gautier** (Th.). Poésies. *Paris, Charles Mary, Rignoux, imprimeur-libraire*, 1830, in-18, mar. rouge, triple fil., avec fleuron aux angles, dos orné, dent. int., tr. dor. (*Hardy.*)

Édition originale, très rare.

Exemplaire portant, sur le faux titre, l'envoi suivant : *De la part de l'auteur à Madame Waldar.* Théophile Gautier.

Dessin de *A. Hardy*, représentant le portrait de Théophile Gautier, ajouté comme frontispice.

270. **Gautier** (Th.). Poésies qui ne figureront pas dans ses œuvres, précédées d'une autobiographie, ornée d'un portrait singulier. *France, Imprimerie particulière* (*Bruxelles, Gay*), 1873, in-8, dos et coins de mar. grenat, jans., tête dor., non rogné.

Première édition collective des pièces libres et politiques de Th. Gautier, imprimée à 162 exemplaires et ornée d'une eau-forte par *Rops*, reproduisant le portrait-charge de l'auteur, lithographié par *Benjamin Roubaud* en 1838, et d'une planche de musique gravée.

271. **Gautier** (Th.). La Comédie de la Mort. *Paris, Desessart* (*Impr. de A. Everat*), 1838, in-8, broché, avec sa couverture, dans un étui de toile noire.

Édition originale, ornée d'une figure de *Louis Boulanger*, gravée sur bois par *Lacoste jeune*.

On a ajouté à cet exemplaire le portrait de Théophile Gautier, gravé à l'eau-forte par *E. Thérond*.

272. **Gautier** (Th.). Les Grotesques, par Théophile Gautier. *Paris, Desessart* (*Typographie de Firmin-Didot frères*), 1844, 2 vol. in-8, brochés, non rognés.

Bel exemplaire de l'ÉDITION ORIGINALE avec les couvertures imprimées : le tome second est débroché.

273. **Gautier** (Th.). Les Grotesques, *Paris, Desessart*, 1844, 2 vol. in-8, demi-rel. chag. violet, ébarbés.

ÉDITION ORIGINALE.

274. **Gautier** (Th.). Mademoiselle de Maupin, nouvelle édition, revue et corrigée. *Paris, Charpentier*, 1845, in-12, mar. bleu foncé, jans., dent. int., tête dor., ébarbé. (*Gruel.*)

PREMIÈRE ÉDITION de ce format.

275. **Gautier** (Th.). Émaux et camées. Seconde édition, augmentée. *Paris, Poulet-Malassis et de Broise*, 1858, in-12, demi-rel. mar. citron, tête dor.

Bien que le titre porte seconde édition, c'est la troisième de ces poésies, deux pièces se trouvant dans la seconde édition, donnée par Eug. Didier en 1853, ne sont pas dans celle-ci : elles sont intitulées : Les *Accroche-cœurs* et les *Néréides*.

Exemplaire provenant de la collection Arnauldet, et contenant à la fin les deux pièces ci-dessus, écrites par Ph. Burty. Beau frontispice de *Em. Thérond*, gravé à l'eau-forte par *Jules Jacquemart*.

Cette troisième édition a été remise en vente, en 1863, par l'éditeur Pincebourde, avec un nouveau titre qui a été ajouté à cet exemplaire.

276. **Gautier** (Th.). Les Jeunes-France, romans goguenards. Sur l'imprimé de Paris, 1833. *Amsterdam, à l'enseigne du Coq*, 1866, pet. in-8, front. gr., dos et coins de mar. vert olive, dos orné, fil., tête dor., ébarbé. (*Gruel.*)

Troisième édition imprimée à 200 exemplaires sur PAPIER VERGÉ DE HOLLANDE, avec un frontispice de *F. Rops*.

277. **Gautier** (Th.). Théâtre. Mystère. Comédies et ballets. *Paris, Charpentier*, 1872, in-12, dos et coins de mar. bleu, dos orné, fil., tête dor., ébarbé, couverture. (*Pierson.*)

PREMIÈRE ÉDITION COLLECTIVE.
Exemplaire imprimé sur PAPIER DE HOLLANDE.

278. **Gautier** (Th.). Le Tombeau de Théophile Gautier. *Paris, Alph. Lemerre*, 1873, petit in-4°, papier de Hollande, frontispice, dos et coins de mar. grenat, tête dor., ébarbé. (*E. Pouget.*)

Recueil de 91 pièces de vers, composées par 82 auteurs différents, à la louange de Théophile Gautier.

279. **Gill** (André). La Muse à Bibi. *Paris, C. Marpon et E. Flammarion*, 1881, in-16, frontispice, cartonn. étoffe brune, brochée d'or, non rogn. (*Couvert.*)

Exemplaire imprimé sur PAPIER DE HOLLANDE.

280. **Girardin** (Émile de). Fragmens. *Paris, Ach. Désauges*, 1828, in-8, demi-rel. vélin blanc, ébarbé. (*Pierson*.)

Édition originale, sans nom d'auteur.

Exemplaire, avec la couverture imprimée, sur laquelle se trouve un envoi autographe de l'auteur.

281. **Glatigny** (Albert). Les Vignes folles, poésies, avec un frontispice de Ch. Voillemot, gravé à l'eau-forte par Bracquemond. *Paris, Librairie nouvelle, A. Bourdilliat*, 1860, in-8, frontispice, dos et coins de mar., vert, dos orné, fil., tête dor., ébarbé. (*Allô*.)

Édition originale.

Le faux-titre de cet exemplaire porte l'envoi suivant de l'auteur :

J'écrivis ces deux vers corrects et sans rature
Pour Isambert, espoir de la littérature.

Ces deux vers, signés, sont suivis de six autres lignes autographes, un peu vives : *N'oublions jamais Vermorel, il nous conduira toujours sinon dans les sentiers de l'honneur au moins...*

282. **Glatigny** (Albert). Joyeusetés galantes et autres du vidame Bonaventure de la Braguette. *Luxuriopolis, à l'enseigne du beau Triorchis* (*Bruxelles, Imp. Briard*), 1864, pet. in-8, front. gravé à l'eau-forte par Fél. Rops, mar. citron, jans., dent. int., tête dor., ébarbé. (*Gruel*.)

Édition originale.

283. **Glatigny** (Albert). Les Flèches d'Or, poésies. *Paris, Frédéric Henry*, 1864, in-12, dos et coins de mar. citron, dos orné, fil., tête dor., non rogné. (*E. Pouget*.)

Édition originale. Envoi de l'auteur sur le faux-titre.

284. **Glatigny** (Albert). Le Jour de l'An d'un vagabond. *Paris, Alph. Lemerre*, 1870, in-12, frontispice d'André Gill, gravé à l'eau-forte. — Le Fer rouge, nouveaux Châtiments. *France et Belgique* (*Bruxelles, Impr. Briard*), 1871, in-12. — Ensemble 2 vol. cartonn. toile, non rognés.

Éditions originales.

285. **Glatigny** (Albert). Le Fer rouge, nouveaux Châtiments. *France et Belgique*, 1871, gr. in-8 de 86 pages, cartonn. étoffe brochée, tête dor., non rog. (*Couvert*.)

Exemplaire imprimé sur papier de Chine. Frontispice, gravé à l'eau-forte en deux états : noir et sanguine.

286. **Goncourt** (Edm. et J. de). En 18.. *Paris, Dumineray*, 1851, in-12, mar. rouge, jans., dent. int., tête dor., ébarbé. (*Pierson*.)

Édition originale en partie détruite par les auteurs : 84 exemplaires seulement ont été vendus ou donnés (Vicaire : *Manuel de l'amateur de livres du XIXe siècle*).

Exemplaire avec envoi d'auteur : *à T***, souvenir amical*. Edmond de Goncourt.

287. **Goncourt** (Edm. et J. de). La Révolution dans les mœurs. *Paris, E. Dentu*, 1854, pet. in-8 de 36 pages, demi-parch. blanc, non rogné, couvert. (*Pierson.*)

Édition originale.

288. **Goncourt** (Edm. et J. de). Les Actrices. La Lorette, vignette par Gavarni. Troisième édition. *Paris, E. Dentu*, 1856. 2 vol. in-32, dos et coins de mar. brun, dos et coins de mar. vert d'eau. têtes dor., non rognés.

289. **Goncourt** (Ed. et J. de). Une Voiture de masques. *Paris, E. Dentu*, 1856, in-12, mar. rouge, jans., dent. int., tête dor., ébarbé. (*Gruel.*)

Édition originale.
Lettre autographe de M. Edm. de Goncourt, ajoutée.

290. **Goncourt** (Edm. et J. de). Henriette Maréchal, drame en trois actes, en prose, précédé d'une histoire de la pièce. *Paris, A. Lacroix Verboeckhoven*, 1866, in-8, dos et coins de mar. rouge, dos orné, tête dor., non rogné. (*Pouget.*)

Édition originale, portrait de Jules de Goncourt, gravé par *Desmoulin*, ajouté.

291. **Goncourt** (Ed. et J. de). Manette Salomon. *Paris, Librairie internationale A. Lacroix, Verboeckhoven*, 1867, 2 vol. in-12, dos et coins de veau fauve, plats toile rouge, têtes dor., ébarbés. (*Couvert.*)

Édition originale.

292. **Goncourt** (Edm. et J. de). L'Amour au XVIIIe siècle. *Paris, E. Dentu*, 1875, in-12, dos et coins de mar. vert foncé, tête dor., ébarbé. (*Gruel.*)

Première édition séparée d'un chapitre de la *Femme au XVIIIe siècle*, texte dans un encadrement et frontispice gravé à l'eau-forte par *Boilvin*.
Exemplaire imprimé sur papier Whatman.

293. **Goncourt** (Edm. et J. de). Préfaces et manifestes littéraires. *Paris, G. Charpentier*, 1888, in 12, cartonn. vélin blanc, non rogné. (*Couvert.*)

Édition originale.
Un des 3 exemplaires imprimés sur papier du Japon, avec envoi d'Edmond de Goncourt.

294. **Goncourt** (Edm. de). La Maison d'un artiste. *Paris, G. Charpentier*, 1881, 2 vol. in-12, cartonn. soie bleue brochée, ébarbés.

Édition originale.
Un des 10 exemplaires imprimés sur Papier de Chine, avec envoi et lettre autographes d'Edmond de Goncourt à Philippe Burty.

295. **Gozlan** (Léon). De Neuf heures à minuit. *Paris, Victor Lecou*, 1852, in-12, dos et coins de mar. bleu foncé, dos orné, fil., tête dor., ébarbé. (*Pouget.*)

Édition originale.

296. **Grenier** (Édouard). Petits poèmes. Quatrième édition, revue et augmentée. *Paris, Alph. Lemerre*, 1871, in-12, cartonn., demi-toile, couverture sur laquelle se trouve un envoi d'auteur. (*Lemardeley.*) — Francine (Poésies). *Paris, Alph. Lemerre*, 1884, pet. in-12, cartonn. demi-toile, couverture, envoi d'auteur sur le faux-titre. (*Lemardeley.*) Édition originale. — Ensemble 2 vol.

297. **Guttinguer** (Ulric). Mélanges poétiques. *S. l. n. d.* (*Paris, Impr. de H. Fournier*, 1829), in-8 de 112 pp., cart. demi-toile, ébarbé. (*Couvert.*)

Romantique rare, publié sans titre et imprimé pour être offert en présent.

298. **Guttinguer** (Ulric). Fables et méditations, dédiées à S. A. R. Mgr le Duc de Montpensier. *Paris, Joubert*, 1837, in-8 de 128 pages, cartonn. papier bleu. (*Couvert*).

Édition originale.

299. **Guttinguer** (Ulric). Les deux âges du poète. *Paris, Fontaine et Dauvin*, 1844, in-12, demi-rel. mar. rouge, tête dor., non rogné. (*Belz, succ. de Niedrée.*)

Édition collective des poésies d'Ulric Guttinger.

300. **Halévy** (Ludovic). Une Maladresse nouvelle. *Paris, Bonaventure et Ducessois*, 1857, in-8, de 46 pages, cartonn. toile verte. (*Couvert.*)

Édition originale, imprimée à quelques exemplaires seulement.
Billet autographe de l'auteur, ajouté.

301. **Halévy** (Ludovic). L'Invasion. Souvenirs et récits par Ludovic Halévy. *Paris, Michel Lévy fr.*, 1872, in-12, dos et coins de mar. vert foncé, jans., tête dor., ébarbé. (*Pouget.*)

Édition originale.
Un des 30 exemplaires imprimés sur papier de Hollande, avec envoi d'auteur.

302. **Haraucourt** (Edmond). L'Ame nue. *Paris, G. Charpentier*, 1885, in-12, cartonn. demi-toile rose, non rogné. (*Couvert.*)

Édition originale.
Exemplaire avec envoi d'auteur à M. Anatole France.

303. **Heine** (Henri). De la France. *Paris, Eug. Renduel* (*Impr. de Cosson*), 1833, in-8, cartonn. toile grenat, non rogné, couverture. (*Pierson.*)

Édition originale.

304. **Heine** (Henri). Les Dieux en exil. *Bruxelles*, 1853, in-16, cartonn., étoffe brochée. — Intermezzo, poème, traduit en vers français par P. Ristelhuber. *Paris, Poulet-Malassis et de Broise*, 1857, petit in-8, cartonn., toile, couvert. (*Pierson.*) — Intermezzo, poème traduit par Albert Mérat et Léon Valade. *Paris, Alph. Lemerre*, 1868, pet. in-8, cartonn. demi-toile, couverture. (*Lemardeley.*) — Ensemble 3 vol.

305. **Houssaye** (Arsène). La Couronne de bluets, roman. Une moralité et une vignette par Théophile Gautier. *Paris, Hippolyte Souverain* (*Corbeil, impr. de Crété*), 1836, in-8, frontispice, mar. bleu, jans., dent. int., tête dor., non rog. (*Canape-Belz.*)

Édition originale, rare, ornée d'un frontispice à l'eau-forte par *Théophile Gautier*. La pièce intitulée *Moralité* par Théophile Gautier occupe les pages 369 à 388. Elle est signée : Théophile Gautier, de la province de Béarn, membre de l'Institut historique.

A la fin de cet exemplaire se trouve un catalogue de l'éditeur, janvier 1836, 16 feuillets.

Bel exemplaire de la collection J. Noilly.

306. **Houssaye** (Arsène). Poésies. Les Sentiers perdus. *Paris, Paul Masgana*, 1841, in-12, dos et coins de mar. brun, dos orné, fil., tête dor., ébarbé. (*Pierson.*)

Édition originale. Exemplaire contenant, sur le faux-titre, l'envoi suivant : *Quand j'avais vingt ans :* Arsène Houssaye, 1878, et une lettre autographe. La pièce intitulée *Une larme*, page 76, porte à la fin la signature autographe de *Sainte-Beuve*.

307. **Houssaye** (Arsène). La Poésie dans les bois. *Paris, Masgana*, 1845, in-12, dos et coins de mar. vert, dos orné, fil., tête dor., ébarbé.

Édition originale. Exemplaire portant, sur le faux-titre, l'envoi suivant de l'auteur : *Cordial bonjour à mon ami T... le dénicheur de merles blancs.* Arsène Houssaye, 1878.

308. **Hugo** (Victor). Han d'Islande. *Paris, chez Persan* (*impr. de Nicolas Vaucluse*), 1823, 4 vol. in-12, brochés, non rognés.

Bel exemplaire de l'Édition originale. Les couvertures, en papier rose, ne sont pas imprimées; le titre est imprimé au dos de chaque volume, sur une petite pièce de papier blanc.

309. **Hugo** (Victor). Cromwell, drame. *Paris, Ambroise Dupont*, 1828, in-8, broché, non rogné. (*Couvert.*)

Bel exemplaire de l'Édition originale.

310. **Hugo** (Victor). Hernani ou l'honneur castillan, drame représenté sur le Théâtre-Français, le 25 février 1830. *Paris, Barba*, 1830, in-8, mar. rouge, dos orné, fil., dent. int., tr. dor. (*Amand.*)

Troisième édition, parue sous la même date que l'édition originale.

On a ajouté à cet exemplaire un portrait de Victor Hugo gravé par *Pollet*, publié par Blaisot, et une figure de *Louis Boulanger*, épreuve sur *chine* avant la lettre.

311. **Hugo** (Victor). Notre-Dame de Paris. *Paris, Charles Gosselin* (*Impr. de Cosson*), 1831, 2 vol. in-8, demi-rel. basane brune, tr. jasp. (*Rel. fatiguée.*)

ÉDITION ORIGINALE très rare, ornée de deux vignettes, gravées sur bois par *Porret*, d'après *Tony Johannot*, une sur chaque titre, représentant : *Esmeralda donnant à boire à Quasimodo* et *l'Amende honorable.*

312. **Hugo** (Victor). Œuvres. Drames. — I. Le Roi s'amuse. Quatrième édition. — V. Lucrèce Borgia. Quatrième édition. *Paris, Eugène Renduel*, 1833, 2 vol. in-8, veau rouge.

Lithographie de *J. Aazgo*, ajoutée en tête de *Lucrèce Borgia.*

313. **Hugo** (Victor). Œuvres complètes de Victor Hugo. Poésie, VII. Les Rayons et les Ombres. *Paris, Delloye* (*imprimé par Béthune et Plon*), 1840, in-8, cartonn., demi-toile bleue, non rogné.

ÉDITION ORIGINALE.

314. **Hugo** (Victor). Les Burgraves, trilogie. *Paris, E. Michaud*, 1843, in-8, dos et coins de mar. grenat, dos orné, fil., tête dor., non rogné. (*Carayon.*)

ÉDITION ORIGINALE.

315. **Hugo** (Victor). Ode à la Colonne de la place Vendôme. *Paris*, 1829, pet. in-12, cartonn. demi-toile, couverture. — Napoléon le petit. *Londres, Jeffs*, 1852, in-24, cartonn. toile. — Châtiments, 1853. Nouvelle édition. *Londres, W. Jeffs*, 1862, in-12, dos et coins de mar. rouge. — Ensemble 3 vol.

316. **Huysmans** (J.-K.). Les sœurs Vatard. *Paris, G. Charpentier*, 1879, in-12, mar. bleu à longs grains, fil., ébarbé, couverture. (*Claessens.*)

ÉDITION ORIGINALE.
Envoi de l'auteur sur le faux-titre.

317. **Imbert** (Eugène). Affaire Clémenceau. Réquisitoire de M. l'avocat général. *Paris, René Pincebourde, s. d.*, in-12 de 24 pages, cartonn. toile rouge, non rogné.

318. **Jaubert** (Madame). Souvenirs. Lettres et correspondances. — Berryer. 1847-1848. — Alfred de Musset. — Pierre Lanfrey. — H. Heine. — *Paris, J. Hetzel et Cie* (*Impr. de Gauthier-Villars*), *s. d.* (1879), in-12, mar. rouge, jans. dent. int., tr. dor., couverture. (*Cuzin.*)

ÉDITION ORIGINALE.
Ouvrage dans lequel se trouve une vingtaine de lettres inédites de Musset. Mme Jaubert était la marraine du poète.

319. **Joliet** (Ch.). Les Athéniennes. *Paris, Alph. Lemerre, s. d.*, in-12, demi-rel. mar. bleu, tête dor., non rog. Exemplaire imprimé sur

PAPIER DE HOLLANDE, avec envoi d'auteur à M. Burty. — Six cents vers, huit dessins de Gabriel Gostiaux. *Paris*, 1867, in-12 de 60 pages, demi-rel. mar. grenat, plats vélin, tête dor., non rog. — Les Mélodies intimes, poésies par Lucien Paté. *Paris, Libr. des Bibliophiles*, 1874, in-12, cartonn. demi-toile grise, non rog.

320. **Laforgue** (Jules). Les Complaintes. — L'Imitation de Notre-Dame la Lune. *Paris, Léon Vanier*, 1885-1886, 2 vol. in-12, cartonn. demi-toile rouge, non rog. couvert. (*Lemardeley*.)

ÉDITIONS ORIGINALES.

321. **Laforgue** (Jules). Les Derniers vers de Jules Laforgue. Des fleurs de bonne volonté. Le concile féerique. Derniers vers, édités avec toutes les variantes, par MM. Édouard Dujardin et Félix Fénéon. *Paris* (*Impr. Deslis, à Tours*), 1890, in-8, cartonn. demi-vélin blanc, non rog. (*Couvert.*)

Ouvrage imprimé à 55 exemplaires sur beau papier vélin, non mis dans le commerce.

322. **Lamartine** (A. de). Méditations poétiques. *Paris, au dépôt de la Librairie grecque-latine-allemande* (*de l'Impr. de P. Didot l'aîné*), 1820, in-8, mar. La Vall, lyre sur le dos, harpe aux angles des plats, dent. int., tête dor., ébarbé. (*Gruel.*)

ÉDITION ORIGINALE, avec la table.

323. **Lamartine** (A. de). Méditations poétiques. Seconde édition, revue et augmentée. *Paris, au dépôt de la Librairie grecque-latine-allemande* (*de l'Impr. de P. Didot l'aîné*), 1820, in-8, mar. La Vall., lyre sur le dos, harpe aux angles des plats, dent. int., tête dor., ébarbé, couverture. (*Gruel.*)

Seconde édition augmentée de : *La Retraite. A. M. de C...* et *Le Génie de M. de Bonald.*

324. **Lamartine** (A. de). Nouvelles méditations poétiques. *Paris, Urbain Canel et Audin* (*de l'Impr. de Rignoux*)), 1823, in-8, 2 ff. prélim. et 179 pages, 4 pages pour annonces de l'éditeur, mar. La Vall., lyre sur le dos, harpe aux angles des plats, dent. int., tête dor., ébarbé, couverture. (*Gruel.*)

Bel exemplaire de l'ÉDITION ORIGINALE.

325. **Lamartine** (A. de). Le Dernier chant du pèlerinage d'Harold. *Paris, Dondey-Dupré père et fils et Ponthieu*, 1825, in-8, 178 pages y compris le faux-titre et le titre., mar. La Vall, lyre sur le dos, harpe aux angles des plats, dent. int., tête dor., ébarbé, couverture. (*Gruel.*)

Bel exemplaire de l'ÉDITION ORIGINALE.
On a ajouté, en tête de cet exemplaire, une figure de *Tony Johannot* gravée, par *Konig*, en double état : sur CHINE AVANT LA LETTRE et EAU-FORTE PURE.

326. **Lamartine** (A. de). Épitres. 1825. — A Némésis. 1831. — Contre la peine de mort. 1830. — Des Destinées de la poésie. 1834. — Recueillements poétiques. 1842. — Les Visions. 1853. Ensemble 6 ouvrages : 4 plaq. in-8, demi-toile, 1 vol. in-8, cart. toile grise, et 1 vol. in-16, dos et coins de mar. vert.

Éditions originales.

327. **Lamartine** (A. de). — Jocelyn. Épisode. Journal trouvé chez un curé de village. *Paris, Furne et Ch. Gosselin*, 1836, 2 vol. in-8, cartonn. toile grise, non rog.

Édition originale : portrait de Lamartine, gravé à l'eau-forte, par *Léop. Flameng*, ajouté, épreuve avant la lettre sur Chine.

328. **Lamennais** (F. de). Paroles d'un croyant. 1833. *Paris, Eugène Renduel*, 1834, in-8, cartonn. demi-veau gris, tête dor., ébarbé, couvert. (*Pierson.*)

Édition originale.

329. **Lamennais** (F. de). Affaires de Rome. *Paris, Cailleux*, 1836-1837, in-8, cartonn. demi-veau gris, tête dor., ébarbé. (*Couvert.*)

Édition originale.

330. **Lamennais** (F. de). Le Livre du peuple. *Paris, H. Delloye et Vor Lecou*, 1838, in-8, cartonn., demi-veau gris, tête dor., ébarbé. (*Couvert.*)

Édition originale.
Exemplaire contenant un billet autographe de l'auteur, signé de ses initiales, et un portrait du même, gravé d'après *Bayalos*, ajoutés.

331. **Lamennais** (F. de). Discussions critiques et pensées diverses sur la Religion et la Philosophie. *Paris, Pagnerre*, 1841, in-8, cartonn. demi-veau gris, tête dor., ébarbé, couvert. (*Pierson.*)

Édition originale.

332. **Lebailly** (Armand). Italia mia. Préface de M. Ernest Legouvé. *Paris, Garnier frères, s. d.*, in-12, demi-rel. mar. bleu, dos orné, plats vélin, tête dor. (*Pouget.*) — Chants du Capitole. *Paris, Garnier frères, s. d.*, in-12, cartonn. demi-mar. vert, non rog. couvert.

Éditions originales.

333. **Lecomte** (Jules). Lettres sur les écrivains français, par van Engelgom, de Bruxelles. *Bruxelles*, 1837, pet. in-12, cartonn. toile verte.

Édition originale, rare.
Exemplaire de Poulet-Malassis, avec un billet autographe de l'auteur, ajouté.

4

334. **Leconte de Lisle.** Poèmes antiques. *Paris, Librairie de Marc Ducloux*, 1852, in-12, mar. La Vall., fil. et fleurons à froid, dent. int., tête dor., ébarbé, couverture. (*Gruel.*)

Édition originale.

335. **Leconte de Lisle.** Poèmes antiques. Édition nouvelle, revue et considérablement augmentée. *Paris, Alph. Lemerre*, 1874, in-8, mar. vert. jans., dent. int., tête dor., ébarbé. (*David.*)

Un des dix exemplaires imprimés sur papier de Chine.

336. **Leconte de Lisle.** Poésies complètes de Leconte de Lisle. Poèmes antiques. Poèmes et poésies. Poésies nouvelles avec une eau-forte, dessinée et gravée par Louis Duveau. *Paris, Poulet-Malassis et de Broise*, 1858, in-12, demi-rel. vélin blanc, ébarbé. (*Couvert.*)

Première édition collective et, en partie, originale.

337. **Leconte de Lisle.** Poésies barbares. *Paris, Librairie Poulet-Malassis*, 1862, in-12, demi-rel. vélin blanc, non rog., couverture. (*Lemardeley.*)

Édition originale.

338. **Leconte de Lisle.** Catéchisme populaire républicain. *Paris, Alph. Lemerre*, 1870, pet. in-12 de 32 pages, demi-vélin blanc.

Édition originale.

Ce « catéchisme », paru anonyme, a été rédigé par Leconte de Lisle, sur des notes, qui lui ont été fournies par M. Ernest Courbet, pour la partie concernant l'organisation communale et par M. Louis Xavier de Ricard, pour la partie relative à l'organisation départementale. La partie *État* est entièrement de Leconte de Lisle. Vicaire, *Manuel de l'Amateur de livres du XIXe siècle.*

339. **Leconte de Lisle.** Poèmes et poésies. *Paris, Dentu*, 1855, in-12, cartonn. demi-vélin blanc, non rog. (*Lemardeley.*)

Édition originale.

340. **Leconte de Lisle.** Poèmes barbares. Édition définitive, revue et considérablement augmentée. *Paris, Alph. Lemerre*, 1872, in-8, mar. vert olive, jans., dent. int., tête dor., ébarbé, couverture. (*Gruel.*)

Un des 10 exemplaires imprimés sur papier de Chine.

341. **Leconte de Lisle.** Poèmes tragiques. *Paris, Alphonse Lemerre*, 1884, in-8, cartonn. demi-mar. grenat, non rogné, couverture. (*Lemardeley.*)

Édition originale. Un des 30 exemplaires imprimés sur papier de Hollande.

342. **Lemaitre** (Jules). Les Médaillons. Puellæ-Puella. Risus rerum. Lares, 1876-1879. — Petites orientales. Une Méprise. Au jour le jour. *Paris, Alph. Lemerre*, 1880-1883, 2 vol. in-12, cartonn. et demi-rel. mar. bleu, non rognés. (*Couvert.*)

Éditions originales.

343. **Lemoyne** (André). 4 vol.

Stella Maris; Ecce Homo; Renoncement; Une larme de Dante. Deuxième édition. *Paris, Firmin Didot*, 1860, pet. in-12, demi-toile. Envoi d'auteur à M. de La Fizelière. — Les Sauterelles de Jean de Saintonge. *Paris*, 1863, in-12, demi-toile, couvert. (*Lemardeley.*) Édition originale. — Les Roses d'antan. *Paris, Firmin Didot*, 1864, in-12, demi-rel. véli vert, non rog. couverture. (*Lemardeley.*) Édition originale. — Paysages de mer et fleurs des prés. *Paris, Impr. Chamerot*, 1875, pet. in-12 de 60 pages, imprimé à 100 exemplaires, cartonné. Édition originale.

344. **Lemoyne** (André). Les Charmeuses. Eaux-fortes de L. G. de Bellée, Feyen-Perrin et Édouard Leconte. *Paris, Firmin-Didot, s. d.*, gr. in-8, dos et coins de mar. vert clair, jans. tête dor., non rogné. (*Gruel.*)

Premier tirage. 17 eaux-fortes hors texte; couverture illustrée par *G. de Bellée*.

345. **Lermina** (Jules). Propos de Thomas Vireloque. *Paris, E. et F. Pache et Marc Deffaux*, 1868, in-12, cartonn. demi-mar. bleu, non rogné. (*Couvert.*)

Édition originale.

346. **Lerminier**. De la littérature révolutionnaire. *Bruxelles, Méline. Cans et Cie*, 1850, in-12, cartonn. toile marbrée, couvert. (*Pierson.*)

Édition originale.

347. **Le Roy** (Grégoire). Mon cœur pleure d'autrefois. *Paris, chez l'éditeur Léon Vanier*, 1889, pet. in-4 de 76 pages, papier de Hollande, frontispice en héliogravure, cartonnage en étoffe brochée, non rogné.

Édition originale.
Imprimé seulement à 200 exemplaires.

348. **Levavasseur** (Gustave). Poésies fugitives. Eaux-fortes par Jules B. *Paris, Dentu*, 1846, in-12, dos et coins de mar. vert foncé, non rog. (*Couvert.*)

Édition originale, ornée de 4 eaux-fortes, hors texte, de *Jules Buisson*.

349. **Livre des sonnets** (Le). Dix dizains de sonnets choisis. — Le Livre des Ballades. Soixante ballades choisies. *Paris, Alph. Lemerre*, 1874-1876, 2 vol. in-8, mar. orange, fil. droits et courbes à comp., fleuron aux angles et milieux dorés, dos ornés, mosaïque de mar. bleu, dent. int., tr. dor. Rel. uniforme. (*Thiollier.*)

350. **Lorrain** (Jean). Modernités. *Paris, E. Giraud*, 1885, in-12, cartonn. demi-toile brune, non rogné. (*Couvert.*)

Édition originale.

351. **Loti** (Pierre). Pêcheur d'Islande. Roman. *Paris, Calmann Lévy*, 1886, in-12, cartonn. demi-mar. citron, non rogné. (*Couvert.*)

Édition originale.

352. **Loti** (Pierre). Japoneries d'automne. — Le Livre de la pitié et de la mort. — Fantôme d'Orient. *Paris, Calmann Lévy*, 1889-1892, 3 vol. in-12, — 2 en cartonn. demi-mar. vert, le 3e, dos et coins toile. (*Couvert.*)

ÉDITIONS ORIGINALES.

353. **Mac-Nab**. Poèmes mobiles. Monologues avec illustrations de l'auteur et une préface de Coquelin cadet. *Paris, L. Vanier*, 1889, in-12, cartonn. dos et coins en étoffe brochée, couverture, non rogné.

354. **Mac-Nab**. Poèmes incongrus, suite aux poèmes mobiles. *Paris, (Léon Vanier)*, 1887, 32 pages, cartonn. dos et coins de satin vert d'eau, broché. (*Couvert.*)

Un des 13 exemplaires imprimés sur JAPON IMPÉRIAL.

355. **Mallarmé** (Stéphane). L'après-midi d'un faune. Églogue. Nouvelle édition avec frontispice, ex-libris, fleurons et cul-de-lampe par Manet. *Paris, L. Vanier*, 1887, in-8 de 16 pages, cartonné. Exemplaire sur japon. — Le Ten O'clock de M. Whistler. Traduction française de M. Stéphane Mallarmé. *Londres et Paris*, 1888, pet. in-4 de 30 pages, papier de Hollande, cartonn. satin rouge, broché, tête dor. — Villiers de l'Isle-Adam. Conférence de Mallarmé. *Paris, Librairie de l'art indépendant*, 1890, gr. in-8, de 44 pages, papier de Hollande, cartonn. satin vert d'eau, broché. — Ensemble, 3 vol.

Opuscules, en ÉDITIONS ORIGINALES, imprimés à très petit nombre d'exemplaires.

356. **Mallarmé** (Stéphane). Pages. Avec un frontispice à l'eau-forte par Renoir. *Bruxelles, Edm. Deman*, 1891, pet. in-4°, papier de Hollande, vélin non rogné.

Ouvrage imprimé à petit nombre, et qui devait primitivement paraître chez le même éditeur, sous le titre de : *Le Tiroir de laque*, avec illustrations en couleurs.

357. **Manuel** (Eug.). Poèmes populaires. *Paris, Michel Lévy fr.*, 1872, in-12, cartonn. demi-vélin vert, non rog.

ÉDITION ORIGINALE.

Exemplaire avec envoi d'auteur à M. Claude Bernard, de l'Académie française.

358. **Mathieu** (Gustave). Parfums, chants et couleurs, poésies. *Lyon, Impr. Louis Perrin*, 1873, pet. in-4, portrait, papier vergé, texte encadré d'un filet rouge, cartonn. percal. rouge, non rog.

359. **Maupassant** (Guy de). Sur l'eau, dessins de Riou, gravure de Guillaume frères. *Paris, C. Marpon et E. Flammarion, s. d.*, gr. in-12, fig., mar. vert à longs grains, fil., ébarbé. (*Couvert. illust.*)

Envoi de l'auteur sur le faux-titre.

360. **Maupassant** (Guy de). Des Vers. *Paris, Charpentier*, 1880, in-12, cartonn. papier japonais, non rogné. (*Couvert.*)

Édition originale.

361. **Maupassant** (Guy de). La Maison Tellier. *Paris, Havard*, 1881, in-12, dos et coins soie brochée, tête dor., non rogné. (*Couvert.*)

Édition originale.

362. **Maupassant** (Guy de). Mlle Fifi. Eau-forte par Just. *Bruxelles, H. Kistemaeckers*, 1882, in-12, portrait, cartonn. demi-mar. grenat, non rogné. (*Couvert.*)

Édition originale.
Papier de Hollande.

363. **Maupassant** (Guy de). Contes de la Bécasse. *Paris, Édouard Rouveyre et G. Blond*, 1883, in-12, cartonn. étoffe brochée. (*Couvert.*)

Édition originale; portrait de l'auteur. ajouté.

364. **Maupassant** (Guy de). Miss Harriet. *Paris, Havard*, 1884, in-12, cartonn. demi-toile brune, non rogné, couverture. (*Lemardeley.*)

Édition originale.

365. **Maupassant** (Guy de). Bel-Ami. *Paris, Victor Havard*. 1885, in-12, demi-rel. mar. rouge, fil. à froid, non rogné. (*Lemardeley.*)

Édition originale.

366. **Maupassant** (Guy de). Mont-Oriol. *Paris, Victor Havard*, 1887, in-12, cartonn. demi-mar. grenat, non rogné. (*Couvert.*)

Édition originale.

367. **Maupassant** (Guy de). Fort comme la Mort. *Paris, Ollendorff*, 1889, in-12 dos et coins de mar. bleu, tête dor., ébarbé. (*Gruel.*)

Édition originale.
Exemplaire imprimé sur papier de Hollande, avec un envoi d'auteur sur le faux-titre.

368. **Maupassant** (Guy de). Notre Cœur. *Paris, Ollendorff*, 1890, in-12 cartonn. demi-mar. orange, non rogné. (*Couvert.*)

Édition originale.
Papier de Hollande.

369. **Meilhac et Halévy**. La Petite Marquise, comédie en trois actes. *Paris, Michel Lévy frères*, 1874, in-12, demi-parch. vert, non rog., couverture. (*Lemardeley.*)

Édition originale.
Exemplaire imprimé sur papier vélin fort, avec envoi des auteurs.

370. **Ménard** (Louis). Poèmes. *Paris, E. Dentu*, 1855, in-12, cartonn. demi-toile verte, non rogné, couvert. (*Lemardeley.*)

Édition originale.
Envoi de l'auteur à son ami Asselineau.

371. **Mendès** (Catulle). Philoméla, livre lyrique, avec une eau-forte par Bracquemond, *Paris, J. Hetzel*, 1863, in-12, cartonn. demi-mar. citron, non rog., couvert. (*Lemardeley.*) — Le Roman d'une nuit, comédie, avec une eau-forte de Fél. Rops. *Paris, H. Doucé*, 1883, in-12 de 72 pages, cartonn. satin vert, non rogné. (*Couvert.*) — La Légende du Parnasse contemporain. *Bruxelles*, 1884, in-12, cartonn. demi-toile, non rogné. (*Couvert.*)

Éditions originales. Le second ouvrage est imprimé sur papier vergé.

372. **Mendès** (Catulle). Poésies. Première série. Le Soleil de minuit : Soirs moroses ; Contes épiques : Intermède ; Hespérus ; Philoméla ; Sonnets ; Panteleïa ; Pagode ; Sérénades. *Paris, Sandoz et Fischbacher*, 1876, in-8, cartonn. demi-mar. vert, non rogné. (*Lemardeley.*)

Édition originale. Portrait de l'auteur gravé à l'eau-forte, avec envoi autographe.

373. **Mérat** (Albert). Les Chimères. *Paris, Ach. Faure*, 1866, in-12, cartonn. demi-vélin vert, non rog. (*Couvert.*) — L'Adieu. *Paris, Alph. Lemerre*, 1873, in-12 de 40 pages, demi-toile. (*Couvert.*) — Printemps passé, poème parisien. *Paris, Librairie de l'Eau-forte*, 1876, pet. in-8 de 16 pages, cartonn. papier japonais. Ensemble 3 vol.

Éditions originales de ces poésies.

374. **Mérimée** (Prosper). La Jacquerie, scènes féodales, suivies de la famille de Carjaval, drame ; par l'auteur du théâtre de Clara Gazul. *Paris, Brissot-Thivars* (*Impr. de H. Balzac*), 1828, in-8, broché, non rogné. (*Couvert.*)

Édition originale.

375. **Mérimée** (Prosper). Chronique du temps de Charles IX, par l'auteur du Théâtre de Clara Gazul. *Paris, Alex. Mesnier* (*Impr. de H. Fournier*), 1829, in-8, mar. bleu foncé, jans., dent. int., tête dor., ébarbé, couverture. (*Gruel.*)

Bel exemplaire de l'Édition originale.

376. **Mérimée** (Prosper). La Double Méprise, par l'auteur de Clara Gazul. *Paris, H. Fournier*, 1833, in-8, mar. bleu foncé, jans., dent. int., tr. dor. (*Gruel.*)

Bel exemplaire de l'Édition originale.

377. **Mérimée** (Prosper). Colomba. *Paris, Magen et Comon (Impr. de Maulde et Renou)*, 1841, in-8, mar. bleu foncé, jans., dent. int., tête dor., ébarbé. (*Gruel.*)

Édition originale contenant : *Colomba. La Vénus d'Ille. Les Ames du Purgatoire.*

378. **Mérimée** (Prosper). H. B. (Henry Beyle) par un des Quarante (Mérimée), avec un frontispice stupéfiant, dessiné et gravé par S. P. Q. R. *Eleutheropolis, l'an 1864*, in-12 de 62 pages, papier de Hollande, mar. bleu, jans., dent. int., tête dor., ébarbé. (*Gruel.*)

Troisième édition, publiée, comme la 2e édition, sans l'assentiment de l'auteur. Elle sort de l'Imprimerie H. Briard, à Bruxelles, et n'a été tirée qu'à 140 exemplaires numérotés, elle est ornée d'un frontispice de *Félicien Rops*.

379. **Mérimée** (Prosper). La Chambre bleue, nouvelle, dédiée à Madame de la Rhune. *Bruxelles, Librairie de la place de la Monnaie*, 1872, in-8, cartonn. soie bleue moirée, tête dor., ébarbé. (*Raparlier.*)

Édition originale, imprimée à 129 exemplaires, vignette gravée à l'eau-forte sur le titre.

Cette nouvelle, dont le manuscrit original fut trouvé dans les papiers des Tuileries, a été écrite pour l'Impératrice Eugénie.

380. **Mérimée** (Prosper). Mateo Falcone, publié d'après le manuscrit autographe de l'auteur. *Paris, Charpentier*, 1876, in-8 de 20 pages, portrait gravé en couleur, dos et coins de mar. grenat, dos orné, fil., tête dor., non rogné, couverture. (*Pouget.*)

Imprimé à 100 exemplaires, sur papier Whatman.

381. **Michelet** (J.). L'Amour. *Paris, L. Hachette*, 1858, in-12, cartonn. demi-vélin blanc, non rog., couvert. (*Lemardeley.*)

Édition originale.

382. **Michu** (Claude). Un Génie en herbe. *Paris, chez tous les Libraires*, 1866, in-32, cartonn. toile verte, non rog. (*Couvert.*) — Il a son plumet. *Se vend chez les Grands Libraires*, 1868, in-12, cartonn. demi-mar. gros bleu. (*Couvert.*) — Ensemble 2 vol.

Éditions originales.

383. **Millaud** (Albert). Fantaisies de jeunesse, avec deux eaux-fortes, de M. H. de Heym. *Paris, Librairie du Petit Journal*, 1866, in-8, papier vélin teinté, 2 eaux-fortes tirées en sanguine, dos et coins de mar. citron, dos mosaïqué de mar. bleu, fil., tête dor., non rogné. (*Pouget.*)

Édition originale, exemplaire avec envoi d'auteur à Méry.

384. **Millaud** (Albert). Petite Némésis, avec une préface de Jules Richard. *Paris, E. Dentu*, 1870, in-8, papier vergé, cartonn. toile blanche, non rog.

385. **Monnier** (Henry). Scènes populaires, dessinées à la plume, ornées du portrait de M. Prudhomme (quatrième édition). *Paris, Dumont*, 1836-1839, 4 vol. in-8, cartonn. demi-toile, ébarbé.

Figure de *H. Monnier*, ajoutée, extraite des *Français peints par eux-mêmes*.

386. **Monnier** (Henry). Mémoires de Monsieur Joseph Prudhomme. *Paris, Librairie nouvelle*, 1857, 2 vol. in-12, dos et coins de mar. vert, dos ornés, fil., têtes dor., ébarbés. (*Pouget*.)

Édition originale.

387. **Monnier** (Marc). L'Équilibre, comédie de marionnettes. *Genève et Bâle, H. Georg*, 1867, in-16, papier de Hollande, 74 pages, dos et coins cuir de Russie, fil. à froid, tête dor., ébarbé. (*Pouget*.)

Édition originale.

388. **Monselet** (Charles). 4 vol.

Le Musée secret de Paris. *Paris, Michel Lévy fr., s. d.*, in-12, demi-toile, non rog. — Figurines parisiennes. *Paris, J. Dagneau*, 1854, in-32, demi-cartonnage en mar. vert. — La Lorgnette littéraire. Dictionnaire des grands et des petits auteurs de mon temps. *Paris, Poulet-Malassis et de Broise*, 1857, in-12, demi-rel. mar. orange, plats vélin, tête dor. — Les Galanteries du xviiie siècle. *Paris, Michel Lévy fr.*, 1862, in-12, dos et coins de chag. brun.

Éditions originales.

389. **Monselet** (Charles). Histoire anecdotique du Tribunal révolutionnaire. *Paris, D. Giraud et J. Dagneau*, 1853, in-12, dos et coins de mar. rouge, dos orné, fil., tête dor., ébarbé. (*Pierson*.)

Édition originale, très rare.

390. **Monselet** (Charles). Les Vignes du Seigneur. *Paris, Victor Lecou* (*Bordeaux, typ. G. Gounouilhou*), 1854, in-16, demi-rel. vélin blanc. (*Couvert*.)

Édition originale, imprimée en encre rouge ; rare.

391. **Monselet** (Charles). Les Oubliés et les Dédaignés, figures littéraires de la fin du xviiie siècle. *Alençon, Poulet-Malassis et de Broise*, 1857, 2 vol. pet. in-8, cartonn., dos de mar. brun, non rognés. (*Couvert*.)

Édition originale.

392. **Monselet** (Charles). Les Tréteaux, avec un frontispice, dessiné et gravé par Bracquemond. *Paris, Poulet-Malassis et de Broise*, 1859, pet. in-8, dos et coins de mar. vert, dos orné, tête dor., non rogné.

Édition originale. Portrait de Ch. Monselet, gravé à l'eau-forte, ajouté.

393. **Monselet** (Charles). Fréron ou l'illustre critique, sa vie, ses écrits, sa correspondance, sa famille, etc. *Paris, R. Pincebourde*, 1864, in-16, mar. rouge jans., dent. int., tr. dor. (*Aug. Petit*.)

Un des 16 exemplaires imprimés sur papier de Chine : portrait de Fréron, gravé par *E. Morin*, en trois états : noir, bistre et sanguine.

394. **Monselet** (Charles). Une Chansonnette des Rues et des Bois. *A Chaillot et se trouve à la Librairie du Petit Journal*, 1865, in-16 de 32 pages, cartonn. demi-toile, couvert. (*Lemardeley.*)

Parodie des « Chansons des rues et des bois » de Victor Hugo.
ÉDITION ORIGINALE, exemplaire imprimé sur papier jaune.

395. **Monselet** (Charles). Les Créanciers, œuvre de Vengeance, avec une cruelle eau-forte d'Émile Benassit. *Paris, René Pincebourde*, 1870, in-8 de 46 pages, demi-rel. mar. grenat, tête dor., ébarbé, couverture. (*Gruel.*)

Exemplaire imprimé sur PAPIER DE HOLLANDE. Frontispice de *Benassit* sur chine, tiré en sanguine, en noir et en bistre.

396. **Montesquiou** (Comte Robert de). Les Chauves-souris, clairs-obscurs. *Paris, G. Richard*, 1893, in-4, vélin, gardes et doublure en étoffe cramoisie, tête rouge, non rog.

Exemplaire de luxe, imprimé sur PAPIER VÉLIN NUMÉROTÉ et contenant, sur un feuillet de garde, trois quatrains autographes signés de M. Robert de Montesquiou et adressés à M. Edm. Taigny.
Dessins aquarellés sur le dos et les plats de la reliure, fleurs et chauves-souris.

397. **Montesquiou** (Comte Robert de). Les Perles rouges, 93 sonnets historiques, avec 4 eaux-fortes inédites de Albert Besnard. *Paris, Eug. Fasquelle* (*Impr. Chamerot et Renouard*), 1899, in-4, broché. (*Couvert.*)

Exemplaire de luxe, imprimé sur PAPIER VÉLIN DE CUVE. Lettre de l'auteur ajoutée.

398. **Moréas** (Jean). Les Syrtes. *Paris*, 1884. — Le Pèlerin passionné. *Paris, L. Vanier*, 1891. Ensemble 2 volumes in-12, cartonn., demi-toile, non rognés. (*Couvert.*)

ÉDITIONS ORIGINALES. Le premier ouvrage n'a été imprimé qu'à 124 exemplaires numérotés, non mis en vente.

399. **Mouton** (Eugène) (Mérinos). Nouvelles, avec le Canot de l'amiral dessiné et gravé à l'eau-forte, par l'auteur. *Paris, G. Charpentier*, 1882, in-12, cartonn. demi-mar. vert, non rog. (*Lemardeley.*) — Chimère. *Paris, Librairie moderne* (*Quantin*), 1887, in-12, cartonnage demi-toile, couverture. (*Lemardeley.*) — Ensemble 2 vol.

ÉDITIONS ORIGINALES.

400. **Murger** (Henry). Le Pays latin. *Paris, Michel Lévy frères*, 1852, in-12, cartonn. toile. (*Couvert.*)

ÉDITION ORIGINALE.
Exemplaire auquel on a ajouté 2 portraits de Murger, l'un publié par Havard et l'autre gravé par *Guillaumot*, épreuve sur CHINE AVANT LA LETTRE

401. **Murger** (Henry). Ballades et fantaisies. *Paris, Michel Lévy frères*, 1854, in-16 de 96 pages, demi-rel. mar. grenat, plats vélin, tête dor., non rogné.

Édition originale.

402. **Musset** (Alfred de). Contes d'Espagne et d'Italie. *Paris, A. Levavasseur, Urbain Canel* (*Imprimerie de David*), 1830, in-8, broché, non rogné. (*Couvert.*)

Édition originale, très rare, du premier livre que Musset ait publié sous son nom; il contient : *Don Paez*, les *Marrons du feu*, *Portia*, *Chansons et fragments* (11 pièces), *Mardoche*.

La couverture a été doublée et un peu restaurée.

403. **Musset** (Alfred de). Un Spectacle dans un fauteuil. *Paris, Eug. Renduel* (*Everat impr.*), 1833, in-8, mar. grenat, dos orné, comp. de filets entrelacés sur les plats, non rogné. (*De Samblanck.*)

Ce volume forme la première livraison du « Spectacle dans un fauteuil » et contient les pièces suivantes : *La Coupe et les lèvres*, *A quoi rêvent les jeunes filles* et *Namouna*.

Bel exemplaire de l'Édition originale, relié sur brochure, avec sa couverture imprimée, ainsi que le dos contenant le titre imprimé de l'ouvrage, sur pièce verte.

404. **Musset** (Alfred de). Comédies et proverbes. *Paris, G. Charpentier*, 1840, in-12, mar. bleu foncé, jans., dent. int., tête dor. (*Gruel.*)

Première édition collective, renfermant : *André del Sarto*; *Lorenzaccio*; *Les Caprices de Marianne*; *Fantasio*; *On ne badine pas avec l'amour*; *La Nuit vénitienne*; *La Quenouille de Barberine*; *Le Chandelier*; *Il ne faut jurer de rien*; *Un Caprice*.

405. **Musset** (Alfred de). L'Anglais mangeur d'opium, traduit de l'anglais (de Thomas de Quincey) et augmenté par Alfred de Musset, avec une notice par M. Arthur Heulhard. *Paris, le Moniteur du Bibliophile*, 1878, in-4, dos et coins de mar. rouge, tête dor., non rogné. (*Lacornée.*)

L'original anglais, intitulé : *Confessions of an English opium eater*, est du célèbre Thomas de Quincey, mort, deux ans après son traducteur, en 1859.

406. **Nerval** (Gérard de). Faust, tragédie de Gœthe; nouvelle traduction, complète, en prose et en vers. Deuxième édition. *Paris, chez Mme Ve Dondey-Dupré*, 1835, in-18, frontispice gravé par Ad. Leleux, d'après Rembrandt, dos et coins de mar. vert foncé, tête dor., ébarbé. (*David.*)

407. **Nerval** (Gérard de). Contes et facéties. *Paris, D. Giraud et J. Dagneau*, 1857, in-18 de 96 pages. — Les Filles du feu, nouvelles. *Paris, D. Giraud*, 1854, in-12. — Ensemble 2 vol. cartonnés toile rouge, non rognés.

Éditions originales.

408. **Noriac** (J. Cayron). Le 101ᵉ régiment. *Paris, Librairie nouvelle*, 1858, in-16 de 90 pages, demi-mar. orange, dos orné, tête dor., ébarbé. (*Pouget.*)

Portrait de l'auteur, gravé par *Guillaume fils*. Épreuve sur Chine.

409. **Pailleron** (Édouard). Les Parasites. *Paris, Michel Lévy frères*, 1861, in-12, dos et coins de mar. rouge, dos orné, fil., tête dor., couvert. (*Pouget.*)

Édition originale.

410. **Parnasse contemporain** (Le). Recueil de vers nouveaux. *Paris, Alph. Lemerre*, 1866-1876, 3 vol. in-8, cart., dos de mar. bleu, fil., non rog. (*Couvert.*)

Les trois séries parues.

411. **Pelloquet** (Théodore). Dictionnaire de poche des artistes contemporains. — Les peintres. *Paris, Adolphe Delahays*, 1858, in-16, cartonn. demi-toile bleue, non rogné. (*Couvert.*)

412. **Poètes contemporains**, 5 vol. in-12 cartonn. demi-toile, non rognés.

Ch. Seguy Villevaleix. Primevères. *Paris, Jouaust*, 1866. — Rictus et sourires, par P. Viteau. *Paris, Jouaust*, 1870. — Gilbert Martin. Les Calvaires. *Paris, Libr. des Bibliophiles*, 1873. — A. Giron. Les Cordes de fer (1870-1871). *Paris, Alph. Lemerre*, 1873. — Em. Favin. Les Illusions. *Paris, Libr. des Bibliophiles*, 1875.

Éditions originales.

413. **Poisle Desgranges** (J.). Les Sonnets impossibles, avec douze eaux-fortes par Alfred Taiée. *Paris, Bachelin-Deflorenne*, 1873, in-8, fig., dos et coins cuir de Russie, tête dor., ébarbé.

Imprimé à 100 exemplaires sur papier de Hollande.

414. **Poisle Desgranges** (J.). Les Péchés capitaux. Sonnets. — Les Saltimbanques. *Paris, Bachelin-Deflorenne*, 1875, 2 vol. in-8, eaux-fortes d'Alfred Taiée, le premier, en demi-rel. mar. vert, plats vélin, tête dor., le second, cartonn. papier japonais, non rognés.

Éditions originales, imprimées à petit nombre.

415. **Pommier** (Amédée). Colifichets, jeux de rimes, avec les sonnets sur le Salon de 1851. *Paris, Garnier fr.*, 1869, in-8, cartonn. papier japonais, ébarbé. — L'Enfer. Deuxième édition. *Paris, Garnier frères*, 1856, in-18, cartonn. demi-mar. La Vall., non rogné.

Édition originale.

416. **Pommier** (Amédée). Paris, poème humouristique. *Paris, Garnier frères* (*Impr. Renou et Maulde*), 1866, pet. in-12, papier vélin,

mar. bleu foncé, dos orné, comp. de 3 fil., dent. int., tr. dor. (*Chambolle-Duru.*)

Édition originale.
De la collection J. Noilly.

417. **Popelin** (Claudius). Un cent de strophes à Pailleron. *Paris, (Impr. de A. Quantin)*, 1881, gr. in-8 de 30 pages, cartonn. dos et coins de mar. grenat, non rog. (*Lemardeley.*)

Exemplaire imprimé sur papier de Hollande, le texte encadré d'un filet rouge. Envoi d'auteur.

418. **Popelin** (Claudius). Histoire d'avant-hier, poème. *Paris, Charpentier et Cie*, 1886, pet. in-4, cartonn. dos et coins papier japonais, plats toile, non rogné.

Envoi de l'auteur sur le faux-titre.

419. **Pradier** (Charles). Les Figurines, plâtres poétiques. *Paris, impr. de G. Towne*, 1864, petit in-12 de 68 pages, cartonn. toile grise, non rogné. (*Couvert.*)

Édition originale.

420. **Quinet** (Edgar). Prométhée. *Paris, F. Bonnaire*, 1838, in-8, veau fauve, fil., non rog. (*Bauzonnet.*)

Bel exemplaire de l'Édition originale.

421. **Régnier** (Henri de). Apaisement. *Paris*, 1886, in-12 de 108 pages, cartonn. demi-toile verte. (*Couvert.*)

Édition originale. Exemplaire contenant un sonnet de l'auteur, intitulé : *Galathée*, avec un envoi sur le faux-titre à M. O. T...

422. **Régnier** (Henri de). Les Lendemains. *Paris, L. Vanier*, 1886, in-16 de 34 pages, papier vélin teinté, cartonn., non rog. (*Couvert.*)

Sur le faux-titre, un huitain autographe de l'auteur, adressé à M. O. T...

423. **Régnier** (Henri de). Poèmes anciens et romanesques, 1887-1889. *Paris, Librairie de l'art indépendant*. 1890, in-12 carré, cartonn. demi-vélin blanc, ébarbé. (*Couvert.*)

Édition originale.
Exemplaire portant, sur le faux-titre, un envoi de l'auteur à M. O. T...

424. **Régnier** (Henri de). Tel qu'en songe. *Paris, Librairie de l'art indépendant*, 1892, in-8 carré, cartonn. étoffe brochée, non rogné. (*Couvert.*)

Édition originale.
Exemplaire avec envoi d'auteur.

425. **Richepin** (Jean). La Chanson des Gueux. Gueux des champs. — Gueux de Paris. — Nous autres gueux. *Paris, Librairie illustrée, s. d.*, (1876), in-12, cartonn. vélin blanc, tête dor., non rogné. (*Couvert.*)

Édition originale. Rare.

426. **Richepin** (Jean). Les Caresses. *Paris, Georges Decaux, s. d.* (1877), in-12, cartonn, vélin blanc, tête dor., non rogné. (*Couvert.*)

Édition originale.

427. **Rimbaud** (Arthur). Reliquaire, poésies, préface de Rodolphe Darzens. *Paris, L. Genonceaux*, 1891, in-12, cartonn. étoffe brochée, non rogné. (*Couvert.*)

428. **Roche** (Edmond). Poésies posthumes, avec une notice par M. Victorien Sardou. Eaux-fortes par MM. Corot, De Bar, Herst, Michelin, Grenaud. *Paris, Michel Lévy frères*, 1863, in-12. portrait et fig., dos et coins de mar. vert, dos orné, tête dor., non rogné. (*Pouget.*)

429. **Rodenbach** (Georges). Le Règne du silence. Poème. *Paris, Bibliothèque-Charpentier*, 1891, in-12, cartonn. dos et coins étoffe brochée, non rogné. (*Couvert.*)

Édition originale.

430. **Rolland** (Amédée). Matutina, poésies. *Paris, chez tous les Libraires*, 1847, in-12 de 104 pages, cartonné toile. (*Couvert.*) — Au fond du verre. *Paris, Impr. d'Aubusson et Kugelmann*, 1854, pet. in-12 de 108 pages; demi-vélin vert. (*Couvert.*) — Ens. 2 vol.

Éditions originales.

431. **Rollinat** (Maurice). Les Névroses. *Paris, G. Charpentier*. 1883, in-12, portrait, cartonn. demi-toile bleue, non rog., couvert. (*Lemardeley.*)

Édition originale.

432. **Romans contemporains,** 3 vol.

About (Edm.). Le Roi des montagnes. *Paris, Hachette*, 1857. in-12, dos et coins mar. grenat, tête dor. couvert. (*Gruel.*) Édition originale — Chavette (Eug.). Les petites Comédies du vice. *Paris, A. Lacroix, s. d.* (1875), in-12, fig., dos et coins de mar. vert, dos orné, tête dor. (*Pouget*) Édition originale. — Maupassant (Guy de). L'Inutile beauté. Huitième édition. *Paris, Victor Havard*, 1890, in-12, cartonn. demi-toile.

433. **Roqueplan** (Nestor). Parisine. *Paris, J. Hetzel, s. d.* (1869), in-12, dos et coins de mar. bleu foncé, dos orné, fil., tête dor., non rog. (*Pouget.*)

Édition originale.
Exemplaire imprimé sur papier de Hollande.

434. **Rossignol** (Céphas). Une Vie à l'ombre. Poésies. *Falaise, P. Montauzé*, 1887, in-12 de 178 pages, cartonn. demi-toile, non rog. couvert. (*Lemardeley.*)

Édition originale.

435. **Sacre de Charles X** (Le). Ode, par Victor Hugo. *Paris, Ladvocat, s. d.* (1825). — Chant du sacre ou la Veille des armes, par A. de Lamartine. *Paris, Urbain Canel et Baudouin frères*, 1825. — La Vision, par Mlle Delphine Gay. Trente mai 1825. *Paris, Urbain Canel.* — Les Oiseaux du sacre, par Mme Amable Tastu, *Paris, Imprimerie de J. Tastu*, 1825. — Le Retour à la Religion, poème suivi du Sacre de Charles X, par M. Baour-Lormian. *Paris, P. Dottin*, 1825. Ensemble 5 ouvrages en 1 vol. in-8, demi-rel. veau fauve.

Recueil de pièces en ÉDITIONS ORIGINALES. La première porte l'envoi suivant : *A Monsieur Périer, de la part de l'auteur.* V. H.

La seconde pièce est du PREMIER TIRAGE, sans les suppressions des 4 vers des pages 19 et 20 (voir Vicaire, *Manuel de l'amateur de livres du XIXe siècle*, tome IV, col. 960).

436. **Saint-Paul** (Albert). Pétales de Nacre, poème. *Paris, Léon Vanier*, 1891, in-12 carré de 28 pages, cartonn. en satin vert d'eau, broché, tête dor., non rog. (*Couvert.*)

Exemplaire sur PAPIER DE HOLLANDE.

437. **Saint-Rémy** (de). (Le Duc de Morny) Théâtre. *Paris, Michel Lévy frères*, 1862-1864, 4 vol. gr. in-12, demi-rel., têtes dor., non rognés.

La Manie des proverbes, proverbe en un acte. — M. Choufleri restera chez lui le... Opérette en un acte. — Les Finesses du mari, comédie en un acte, portrait de l'auteur. — Pas de fumée sans un peu de feu.
ÉDITIONS ORIGINALES.

438. **Sainte-Beuve.** Vie, poésies et pensées de Joseph Delorme (Sainte-Beuve). *Paris, Delangle fr.* (*Impr. de G. Doyen*), 1829, in-16, mar. rouge, comp. de fil., dent. int., tète dor., ébarbé, couverture.

ÉDITION ORIGINALE.

439. **Sainte-Beuve.** Vie, poésies et pensées de Joseph Delorme. *Paris, N. Delangle*, 1830, in-8, mar. rouge, jans., dent. int., tête dor., ébarbé. (*Gruel.*)

On a ajouté, à cet exemplaire, 2 lettres autographes de l'auteur.

440. **Sainte-Beuve.** Les Consolations, poésies. *Paris, Urbain Canel. Levavasseur*, 1830, in-16, mar. rouge, fil., dent. int., tête dor., ébarbé, couverture. (*Gruel.*)

ÉDITION ORIGINALE.

441. **Sainte-Beuve.** Les Consolations, poésies. Deuxième édition. *Paris, Eug. Renduel*, 1835, in-8, mar. rouge, jans., dent. int., tête dor., ébarbé. (*Gruel.*)

442. **Sainte-Beuve.** Volupté. *Paris, Eug. Renduel*, 1834, 2 vol. in-8, veau gris, non rog. (*Pierson.*)

ÉDITION ORIGINALE ; reliure molle.

443. **Sainte-Beuve**. Pensées d'août, poésies. *Paris, Eug. Renduel*, 1837, in-12, mar. vert olive, jans., dent. int., tête dor., ébarbé. (*Gruel.*)

Édition originale.

444. **Sainte-Beuve**. Livre d'Amour. *Paris (Impr. de Pommeret et Guénot)*, 1843, pet. in-8 de 108 pages, mar. La Vall., jans., dent. int., tête dor., ébarbé.

Édition originale, imprimée à petit nombre. Le plus rare des livres romantiques, l'édition ayant été détruite, à peu près en entier, par l'auteur.
Voir, au sujet de cet ouvrage, les indiscrétions de M. Pons, dans le livre intitulé : *Sainte-Beuve et ses Inconnues.*

445. **Sand** (George). Lettres d'un voyageur. *Paris, Félix Bonnaire (E. Duverger, imprimeur)*, 1837, 2 vol. in-8, cartonn. dos et coins mar. grenat, non rog., couvertures.

Édition originale. Le tome 2ᵉ contient (pp. 327 à 414) *Aldo le rimeur*, pièce en deux actes.

446. **Sand** (George). Indiana. *Paris, Félix Bonnaire (E. Duverger, imprimeur)*, 1838, 2 vol. in-8, cartonn. demi-mar. rouge, non rognés.

Édition originale.

447. **Sardou** (Victorien). Nos Bons villageois, comédie en cinq actes, en prose. — Rabagas, comédie en cinq actes, en prose. *Paris, Michel Lévy frères*, 1867-1872, 2 vol. in-12 et in-8, cartonn. toile, non rog. (*Pierson.*)

Éditions originales.
Portrait de l'auteur, gravé à l'eau-forte, ajouté en tête de la seconde pièce.

448. **Scholl** (Aurélien). Denise. Historiette bourgeoise. *Paris, Ledoyen*, 1857, in-32 de 60 pages, dos et coins de mar. orange, dos orné, fil., tête dor., couvert. (*Gruel.*)

Édition originale. Rare.

449. **Scholl** (Aurélien). La Foire aux artistes, petites comédies parisiennes. *Paris, Poulet-Malassis et de Broise*, 1858, in-16, demi-rel. mar. vert, dos orné, tête dor., ébarbé. (*Pouget.*)

Édition originale.

450. **Silvestre** (Armand). Les Renaissances. *Paris, Alph. Lemerre*, 1870, in-18, cartonn. soie verte pâle brochée, tête dor., non rog. (*Couvert.*)

Édition originale.
Exemplaire imprimé sur papier de Chine, auquel on a ajouté une pièce de vers, de 10 strophes, intitulée : *Les Immortels*, et un billet autographe de l'auteur, adressés à M. Ph. Burty.

451. **Silvestre** (Armand). La Gloire du souvenir, poème d'amour. *Paris, Alph. Lemerre*, 1872, pet. in-12 de 48 pages, cartonn. demi-toile bleue, couvert. (*Lemardeley.*)

Édition originale.

452. **Sophocle**. Œdipe roi, tragédie, traduite littéralement en vers français, par Jules Lacroix, avec une suite de compositions dessinées par J. Mazerolles, précédée d'une étude par G. Larroumet. Nouvelle édition, conforme à la représentation. *Paris, Société de propagation des livres d'art*, 1890, gr. in-8, fig., cartonn. demi-toile orange, non rogné. (*Couvert.*)

453. **Soulary** (Joséphin). Les cinq cordes du Luth, fantaisie poétique. *Lyon, Impr. de L. Boitel, Lyon*, 1838, in-8 de 48 pages, cartonn. demi-toile verte, non rogné.

Édition originale.
Exemplaire avec la couverture portant un envoi autographe de l'auteur.

454. **Soulary** (Joséphin). Sonnets humouristiques. Édition revue et complètement refondue par l'auteur. *Lyon, Impr. de Louis Perrin*, 1858, in-8, papier vergé teinté, portrait, mar. rouge, dos orné, comp. de 3 fil., dent. int., non rogné, couverture. (*Hardy.*)

Bel exemplaire d'un ouvrage imprimé à petit nombre. On y a ajouté une dédicace à Jules Janin, imprimée en vers, un portrait du même, en photographie ; et des strophes de vers, par Jules Janin, sur les *Sonnets humouristiques de Joséphin Soulary*, parues dans le feuilleton du *Journal des Débats* du 12 juillet 1858.

455. **Soulary** (Joséphin). Sonnets, poèmes et poésies, nouvelle édition complète, revue, corrigée & augmentée, dédiée à la ville de Lyon. *Lyon, Impr. de Louis Perrin*, 1864, pet. in-8, mar. rouge, tr. dor. (*David.*)

Édition imprimée par souscription, et tirée à petit nombre.

456. **Soulary** (Joséphin). Les Diables bleus, nouvelles poésies. *Paris, Alph. Lemerre ; Lyon, Impr. de Alf. Louis Perrin et Marinet*, 1870, in-8, papier teinté, mar. grenat, chiffre sur le dos et aux angles des plats, dent. int., tr. dor. (*David.*)

Édition originale, rare : imprimée à 115 exemplaires.

457. **Soulary** (Joséphin). La Chasse aux mouches d'or. *Lyon, N. Scheuring*, 1876, pet. in-8, frontispice, mar. grenat, jans., dent., int., tr. dor. (*Gruel.*)

Édition originale.

458. **Soulary** (Joséphin). Les Rimes ironiques, poésies nouvelles, avec dessins d'Eugène Froment. *Lyon, Impr. Alf. Louis Perrin et Marinet*, 1877, pet. in-8, dos et coins de mar. grenat, jans., tête dor., ébarbé, couvert. (*Gruel.*)

Édition originale, publiée par souscription, et imprimée sur papier vergé teinté ; portrait de l'auteur, gravé à l'eau-forte, d'après *Rajon.*

459. **Stendhal**. Le Rouge et le Noir. Chronique du XIXe siècle, par M. de Stendhal (Henri Beyle). *Paris, A. Levavasseur*, 1831, 2 vol. in-8, mar. brun jans., dent. int., tête dor., ébarbés. (*Gruel*.)

Édition originale; les titres sont ornés d'une vignette d'*Henry Monnier*, gravée sur bois par *Porret*, différente pour chaque volume.

Le titre de l'ouvrage est frappé sur les dos de la reliure, sur pièces de mar. rouge et noir.

460. **Stendhal**. L'Abbesse de Castro, par M. de Stendhal (Henri Beyle). *Paris, Dumont*, 1839, in-8, cartonn. non rogné. (*Couvert*.)

Édition originale. On y a ajouté un portrait de l'auteur, épreuve sur chine.

461. **Stuart Merrill**. Les Fastes (Thyrses, — Sceptres, — Torches). *Paris, L. Vanier*, 1891, gr. in-12 carré, papier vélin, cartonn. soie verte brochée, tête dor., non rogné. (*Couvert*.)

Édition originale.

462. **Sully Prudhomme**. Stances et poèmes. *Paris, Achille Faure*, 1865, in-12, cartonn. demi-toile orange, non rog. (*Pierson*.)

Édition originale.

463. **Théâtre**. 5 vol.

Un Caprice, comédie par Alfred de Musset. *Paris, Charpentier*, 1847, in-12, vélin. Édition originale, avec une figure de *Bida* ajoutée. — La Femme de vingt-cinq ans, scènes et récits, par Xavier Aubryet. *Paris, Giraud et Dagneau*, 1853, in-12, demi-rel. chag. violet. Édition originale. — Le Voyage de M. Perrichon, comédie, par MM. Eug. Labiche et Ed. Martin. *Paris, Bourdillat*, 1860, in-12, cartonné toile. Édition originale. — Gaetana, drame en cinq actes, par Edm. About. Deuxième édition. *Paris, Michel Lévy frères*, 1862, in-12, veau olive; portrait ajouté, avec 4 lettres autographes de l'auteur. — Lucrèce. Tragédie en cinq actes, et en vers, par Ponsard. *Paris, Furne*, 1843, in-8 de 84 pages, cartonné toile, couvert. (*Pierson*.) Édition originale.

464. **Théâtre**. 3 vol.

Orphée aux enfers, opéra bouffon de Hector Crémieux. Édition illustrée de 8 dessins par E. Morin, gravés par H. Linton. *Paris, A. Bourdillat*, 1860, petit in-8, dos et coins de mar. rouge, dos orné, tête dor. (Première édition illustrée). — La Belle Hélène, opéra-bouffe, par Henri Meilhac et Ludovic Halévy. *Paris, Michel Lévy*, 1865, in-12, demi-rel. mar. rouge, dos orné, plats vélin, tête dor. (*Pouget*.) Édition originale. Envoi de M. Meilhac à M. Taigny. — A. Pothey. La Muette, illustrée par MM. H. Daumier, Henry Monnier, Bin, etc. *Paris, F. Daffis*, 1870, in-8 de 32 pages, demi-toile.

465. **Theuriet** (André). Le Livre de la Payse. Nouvelles poésies (1872-1882). *Paris, Alp. Lemerre*, 1883, in-12, cartonn. demi-toile verte, non rogné, couverture. (*Lemardeley*.)

Édition originale.
Exemplaire imprimé sur papier de Hollande.

466. **Tripes** (Les), par deux Normands. *En Normandie, chez tous les Libraires* (*Paris, Aug. Ghio*), 1873, in-8 de 12 pages, cartonn. toile brune. (*Pierson.*)

Édition originale. Exemplaire imprimé sur papier vergé, orné d'un frontispice, gravé à l'eau-forte, par *Edm. Morin.*
Les deux Normands sont MM. Gustave Le Vavasseur et Edm. Morin.

467. **Turquety** (Édouard) Esquisses poétiques. *Paris, Delangle frères* (*Impr. de G. Doyen*), 1829, petit in-12, demi-rel. mar. bleu, fil. sur le dos, tête marb., ébarbé, couverture. (*R. Petit.*)

Édition originale.
De la collection Arnauldet.

468. **Valade** (Léon). Nocturnes, poèmes imités de Henri Heine. *Paris, A. Patay*, 1880, in-12 de 70 pages, cartonn. demi-toile, non rog., couvert. (*Lemardeley.*)

Édition originale.
Exemplaire de Charles Monselet, portant son *ex-libris* et, sur le faux-titre, le quatrain autographe suivant, de M. Léon Valade :

A Charles Monselet qui m'a cité dans l'*Événement* d'hier,

Vieux almanachs, et vieilles lunes
Qui s'en souvient ? Rare fortune...
Si parfois nous humons ce lait
C'est grâce à vous, ô Monselet.

Léon Valade.

1er Juin.

469. **Verlaine** (Paul). Poëmes Saturniens. *Paris, Alph. Lemerre*, 1866, in-12, cart. demi-percal. rouge, non rog. (*Lemardeley.*)

Édition originale, rare ; avec la couverture.

470. **Verlaine** (Paul). Les Amies, sonnets, par le licencié Pablo de Herlagnez. *Ségovie* (*Bruxelles*), 1868, pet. in-8 de 16 pages, cartonn. toile, non rogné.

Édition originale, imprimée à 50 exemplaires.
Exemplaire provenant de la collection Burty, un des 44 imprimés sur petit papier de Hollande.

471. **Verlaine** (Paul). Fêtes galantes. *Paris, Alph. Lemerre*, 1869, pet. in-12, de 54 pages, papier de Hollande, cartonn. demi-toile verte, non rog. (*Lemardeley.*)

Édition originale.

472. **Verlaine** (Paul). Fêtes galantes. *Paris, Alph. Lemerre*, 1889, in-12 de 36 pages, mar. olive, dent. int., tête dor., ébarbé. (*Couvert.*)

Édition originale.
Exemplaire imprimé sur papier de Chine, auquel on a ajouté un dessin à la plume de Verlaine.

473. **Verlaine** (Paul). La bonne Chanson. *Paris, Alph. Lemerre*. 1870, in-16 de 40 pages, papier vélin teinté, cartonn. dos de toile rouge, non rog. (*Couvert.*)

Édition originale.

474. **Verlaine** (Paul). Romances sans paroles (Ariettes oubliées, Paysages belges, Birds in the night. Aquarelles). *Sens. Typographie de Maurice L'Hermite*, 1874, in-12 de 50 pages, cartonn. demi-toile rouge, non rog., couverture. (*Lemardeley.*)

Édition originale.

475. **Verlaine** (Paul). Sagesse, *Paris, Société générale de Librairie catholique, Paris, anc. maison Palmé*, 1881, in-8 de 106 pages, cartonn. demi-toile, couverture. (*Lemardeley.*)

Édition originale.

476. **Verlaine** (Paul). Jadis et naguère. Poésies. *Paris, L. Vanier*, 1884, in-12, cartonn. demi-perc. rouge, non rog. couverture. (*Lemardeley.*)

Édition originale.

477. **Verlaine** (Paul). Les Poètes maudits (Tristan Corbière, Arthur Rimbaud, Stéphane Mallarmé). *Paris, Léon Vanier*, 1884, in-12, 3 portraits sur chine, cartonn. demi-toile rouge, non rog., couverture. (*Lemardeley.*)

Édition originale, imprimée à 253 exemplaires.

478. **Verlaine** (Paul). Amour. *Paris, L. Vanier*, 1888, in-12, cartonn. demi-vélin blanc, non rog. (*Couvert.*)

Édition originale. Un des 50 exemplaires imprimés sur papier de Hollande.

479. **Verlaine** (Paul). Parallèlement. *Paris, Léon Vanier*, 1889, in-12, cartonn. en soie grise brochée de diverses nuances, non rogné, couverture (*Laureaux.*)

Édition originale.

480. **Verlaine** (Paul). Bonheur. (Poésies.) *Paris, Léon Vanier*, 1891, pet. in-8, cartonn. demi-toile grise. (*Couvert.*)

Édition originale.
Un des 55 exemplaires imprimés sur papier de Hollande.

481. **Verlaine** (Paul). Liturgies intimes. *Paris, Bibliothèque du Saint-Graal*, 1892, pet. in-8 de 32 pages, cartonn. dos et coins toile bleue, non rogné.

Édition originale.
Portrait de Verlaine, lithographié par *L. Hayet*. et tiré sur papier du Japon.

482. **Veuillot** (Louis). Les Couleuvres. *Paris, Victor Palmé*, 1869, in-12 cartonn. toile verte, non rogné, couverture. (*Pierson.*)

La couverture porte 3e édition; portrait de l'auteur, par *Paquier*, ajouté.

483. **Vicaire** (Gabriel). Émaux bressans. *Paris. Charpentier*, 1884, in-12, demi-rel. chag. bleu, non rogné. (*Lemardeley.*)

Édition originale, rare.

484. **Vicaire** (Gabriel) et Maurice **Beauclair**. Les Déliquescences, poèmes décadents d'Adoré Floupette, avec sa vie, par Marius Tapora. *Byzance (Paris), chez Lion Vanné (Léon Vanier)*, 1885, in-16, cartonn. demi-toile bleue, non rog. (*Couvert.*)

Édition originale. Un des 50 exemplaires imprimés sur papier de Hollande. Rare.

485. **Vielé-Griffin** (Francis). Diptyque. *Paris. Impr. Beaudelot*, pet. in-8 de 40 pages, cartonn. étoffe brochée. (*Couvert.*)

Édition originale.

486. **Vigny** (Alfred de). Eloa ou la sœur des anges. Mystère, par le comte Alfred de Vigny. *Paris, Aug. Boulland et Cie*, 1824, in-8 de 58 pages, et 1 feuillet pour annonce de l'éditeur, mar. vert, jans., dent. int., tête dor. (*Gruel.*)

Édition originale : rare.
Bel exemplaire avec la couverture imprimée.

487. **Vigny** (Alfred de). Éloa ou la sœur des anges. Mystère. *Paris, Aug. Boulland et Cie* (*Imp. Firmin-Didot*), 1824, in-8, broché, non rogné. (*Couvert.*)

Édition originale.

488. **Vigny** (Alfred de). Cinq-Mars, ou une conjuration sous Louis XIII. Troisième édition, revue et corrigée. *Paris, Urbain Canel*, 1827, 2 vol. in-8, veau bleu foncé, dent. à froid, filet or, tr. dor.

Le feuillet de garde du tome Ier contient l'envoi d'auteur suivant : *Donné par l'auteur à l'immortelle tragédienne.* (Mademoiselle Mars). *Alfred de Vigny. 10 novembre 1829.*

489. **Vigny** (Alfred de). Les Consultations du Docteur Noir. Stello ou les Diables bleus (Blue Devils). Première consultation. *Paris, Charles Gosselin; Eugène Renduel* (*Everat imprimeur*), 1832, in-8, fig., dos et coins de mar. grenat, tête dor., ébarbé, couverture. (*Amand.*)

Édition originale, illustrée de 3 figures sur chine de *Tony Johannot*, gravées sur bois par *Bréviaire.*

490. **Vigny** (Alfred de). Servitude et grandeur militaires. *Paris, Félix Bonnaire; Victor Magen* (*Impr. d'Éverat*), 1835, in-8, cartonn. demi-toile quadrillée.

Édition originale.

491. **Vigny** (Alfred de). Chatterton, drame. Deuxième édition. *Paris, Hippolyte Souverain*, 1835, in-8, frontispice d'Édouard May, gravé à l'eau-forte, dos et coins de mar. grenat, tête dor., ébarbé.

Portrait d'Alfred de Vigny ajouté, lithographie de *Bougé*, et une gravure d'*Hédouin* : Costume de Madame Dorval dans *Chatterton*, extraite de la *Gazette des Beaux-Arts*.

492. **Vigny** (Alfred de). Poèmes antiques et modernes. *Paris, H. Delloye, V. Lecou*, 1837, in-8 cartonn. demi-vélin blanc, non rog. (*Couvert.*)

Édition définitive, réunissant toutes les pièces imprimées dans les éditions de 1822, 1826 et 1829 moins *Héléna* et *le Malheur*.
2 portraits de l'auteur sont ajoutés, ainsi qu'un fac-similé d'autographe.

493. **Vigny** (Alfred de). La Maison du Berger, poème. *Paris, impr. de H. Fournier*, 1844, in-8 de 16 pages, rel. souple en mar. bleu, fil. à froid, tête dor. (*Gruel.*)

Ce poème est le prologue du volume des *Poèmes philosophiques* d'Alfred de Vigny, publié dans la *Revue des Deux Mondes*, le 15 juillet 1844.

494. **Vigny** (Alfred de). Les Destinées, poèmes philosophiques. *Paris, Michel Lévy frères* (*Impr. de J. Claye*), 1864, in-8, demi-rel. vélin blanc, ébarbé. (*Couvert.*)

Édition originale. Le faux-titre contient au recto : *Œuvres posthumes du comte Alfred de Vigny*: portrait de l'auteur d'après la photographie de *Salomon*, ajouté.

495. **Villiers de l'Isle-Adam** (Comte de). Premières poésies. (Fantaisies nocturnes. Hermosa. Les Préludes. Chant du Calvaire.) *Lyon, N. Scheuring* (*Impr. de Louis Perrin*), 1859, pet. in-8, papier vergé teinté, cartonn. demi-mar. rouge, non rog. (*Couvert.*)

Édition originale.

496. **Villiers de l'Isle-Adam** (Comte de). Isis. *Paris, Dentu*, 1862, in-8, demi-rel. vélin blanc, non rog. (*Couvert.*)

Édition originale.
Exemplaire avec envoi d'auteur à Mme Aug. de Barancy. On y a ajouté une lettre de faire-part du décès de Villiers de l'Isle-Adam, et une lettre autographe du même adressée à son imprimeur : *J'ai l'honneur de vous faire passer la première feuille d'impression de mon livre — Isis... Dans quatre jours, j'enverrai les trois premiers chapitres; de cette façon, les ouvriers auront toujours de la besogne d'avance...*

497. **Villiers de l'Isle-Adam** (Comte de). Tribulat Bonhomet. *Paris, Tresse et Stock, s. d.* (1887), in-12, cartonn. demi-toile, non rog. (*Couvert.*)

Édition originale.

498. **Virmaitre** (Ch.). Les Virtuoses du trottoir. *Paris, Lebigre Duquesne*, 1868, in-12, cartonné demi-toile, non rogné. — P. Ferrier. La sœur de Cacolet, scène de la vie réaliste, en vers. *Paris, Michel Lévy frères*, 1873, in-12 de 8 pages, cartonn. toile grise, non rogné.

Éditions originales.

499. **Vitu** (Aug.). Ombres et vieux murs. *Paris, Poulet-Malassis et de Broise*, 1859, pet. in-8, cartonn. demi-vélin blanc, non rog., couvert. (*Lemardeley.*)

Édition originale.

500. **Zola** (Émile). Ed. Manet. Étude biographique et critique, accompagnée d'un portrait d'Ed. Manet par Bracquemond, et d'une eau-forte d'Ed. Manet d'après *Olympia*. *Paris, E. Dentu*, 1867, in-8 de 48 pages, cartonn. vélin vert, non rogné. (*Couvert.*)

Le portrait et l'eau-forte sont avant la lettre.
Envoi de l'auteur sur le faux-titre.

501. **Zola** (Émile). La Conquête de Plassans. *Paris, Charpentier*, 1874, in-12, dos et coins de mar. La Vall., tête dor., non rogné. (*Lemardeley.*)

Édition originale.

502. **Zola** (Émile). L'Assommoir. *Paris, G. Charpentier*, 1877, in-12, dos et coins de mar. rouge, dos orné, fil., tête dor., ébarbé, couverture. (*Gruel.*)

Édition originale.
Un des 25 exemplaires imprimés sur papier de Hollande, auquel on a ajouté un portrait de l'auteur, gravé à l'eau-forte par *Guillaumot*, épreuve sur chine.

503. **Zola** (Émile). Nana. *Paris, Charpentier*, 1880, in-12, dos et coins de mar. rouge, fil., tête dor., ébarbé, couverture. (*Gruel.*)

Édition originale.
Papier de Hollande.

504. **Zola** (Émile). Guy de Maupassant. — J.-K. Huysmans. — Henry Céard. — Léon Hennique. — Paul Alexis. Les Soirées de Médan. *Paris, Charpentier*, 1888, in-12 dos et coins de mar. bleu, tête dor., non rogné, couverture. (*Gruel.*)

Édition originale.
Un des 50 exemplaires imprimés sur papier de Hollande.

505. **Zola** (Émile). Au Bonheur des Dames. *Paris, Charpentier*, 1883, in-12, cartonn. demi-toile bleue, non rogné. (*Couvert.*)

Édition originale.

506. **Zola** (Émile). Germinal. *Paris, G. Charpentier*, 1885, in-12, dos et coins de mar. rouge, tête dor., ébarbé, couverture. (*Gruel.*)

Édition originale.

507. **Zola** (Émile). Les Rougon-Macquart. *Paris, G. Charpentier*, 1886-1887-1890, 3 vol. in-12, cartonn., demi-mar. vert, non rog., couvert. (*Lemardeley.*)

L'Œuvre. — La Terre. — La Bête humaine.
Éditions originales.

508. **Zola** (Émile). Le Rêve. *Paris, G. Charpentier*, 1888, in-12, vélin, non rogné. (*Couvert.*)

Édition originale. Exemplaire imprimé sur papier de Hollande : on y a ajouté un portrait-charge de l'auteur, publié par le journal *Le Grincheux*, à propos du *Rêve*.

509. **Zola** (Émile). L'Argent. *Paris, Bibliothèque Charpentier*, 1891, in-12, mar. chaudron, avec branchages et feuilles d'immortelles, doublure et gardes en satin gris, tête dor., ébarbé, couverture. (*René Wiener, à Nancy.*)

Édition originale. Exemplaire imprimé sur papier de Hollande.

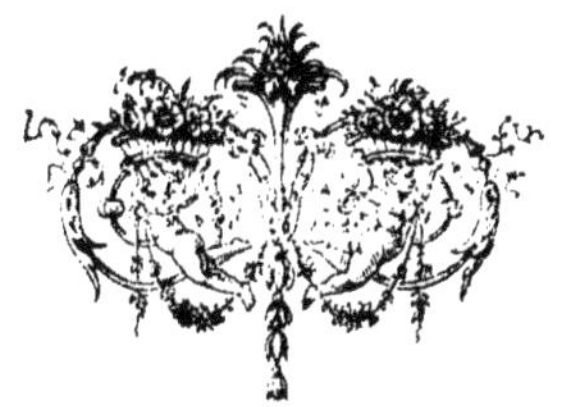

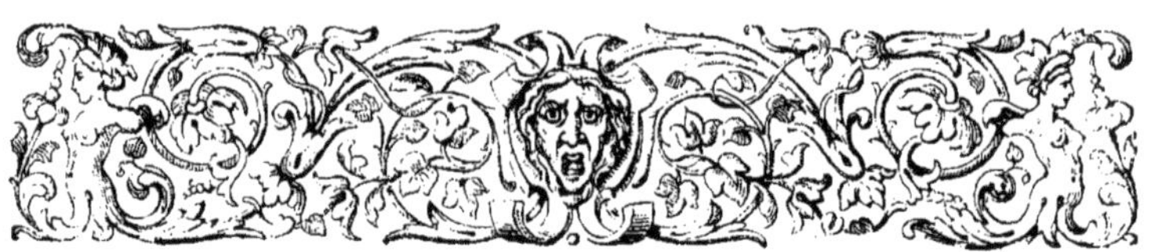

LIVRES MODERNES DANS TOUS LES GENRES

510. **Baschet** (Armand). Le Roi chez la Reine, ou histoire secrète du mariage de Louis XIII et d'Anne d'Autriche. *Paris, Aubry*, 1864, in-8, dos et coins mar. rouge, jans., tête dor., ébarbé. (*David.*)

Édition originale.

511. **Brossard de Montancy**. L'Enrôlement de Tivan, comédie bressane. Nouvelle édition, revue et complétée d'après les manuscrits, traduite et annotée par Philibert Le Duc, illustrée par Alfred Chanut. *Bourg, Gromier aîné*, 1870, in-8°, fig., dos et coins de mar. rouge, fil., tête dor., non rogné. (*Couvert.*)

Un des 3 exemplaires imprimés sur papier de Chine.

512. **Courier** (P.-L.). Lettres et pamphlets. *Paris, L. Vanier*, 1876, in-12, portrait gravé à l'eau-forte par Dubouchet, in-12, dos et coins de mar. bleu clair, jans., tête dor., ébarbé. (*Gruel.*)

Un des 10 exemplaires imprimés sur papier Whatman.

513. **Gérard** (Le Dr J.). La Grande Névrose ; Nouvelles causes de stérilité dans les deux sexes. *Paris, C. Marpon et E. Flammarion*, 1888, 2 vol. in-12, illustrations de J. Roy, le premier ouvrage, cartonné en satin broché, le second, en vélin blanc, avec aquarelle sur le premier plat, non rog., avec envoi d'auteur. (*Couvert.*)

514. **Labé** (Louise). Œuvres de Louize Labé. Nouvelle édition, publiée par M. Edwin Tross, et imprimée en caractères dits de civilité. *Paris, Librairie Tross* (*Harlem, imp. Jean Enschedé et fils*), 1871, in-8°, dos et coins de mar. grenat, jans., tête dor., ébarbé. (*Gruel.*)

Édition imprimée à 150 exemplaires.

515. **La Rochefoucauld**. Réflexions ou sentences et maximes morales (Dernier texte). *Londres, Louys Glady*, 1880, in-16, mar. vert, jans., dent. int., tête dor., ébarbé. (*Gruel.*)

Jolie édition, imprimée en rouge et vert, sur papier de Hollande, et tirée à petit nombre.

516. **La Tremoille** (Charlotte-Amélie de). Mémoires de Charlotte-Amélie de la Trémoille, comtesse d'Altenbourg (1652-1719), publiés, d'après le manuscrit autographe conservé dans les archives de Thouars, par Ed. de Barthélemy. *Genève, Imp. Jules Guill. Fick*, 1876, pet. in-8, papier de Hollande, dos et coins de mar. vert foncé, tête dor., ébarbé. (*Pouget.*)

517. **Lauzun** (duc de). Mémoires, publiés avec une étude sur la vie de l'auteur. Seconde édition, sans suppressions, et augmentée d'une préface et de notes nouvelles par L. Lacour. *Paris, Poulet-Malassis et de Broise*, 1858, in-12, cartonn. toile grise, non rogné. (*Couvert.*)

Première édition, sans suppressions.

518. **Légende de la Violette** (La). *Paris, Impr. D. Jouaust*, 1888, pet. in-8 carré de 16 pages, papier vergé, cartonn. pap. japonais, non rogné. (*Pierson.*)

Opuscule rare, dédié au prince Impérial, et imprimé à 100 exemplaires.

On y a ajouté 2 planches coloriées : bouquet de violette et le *Retour du Printemps et de la violette.*

519. **Legrand et Landon.** Description de Paris et de ses édifices, ouvrage enrichi de plus de cent planches gravées et ombrées en taille-douce, et d'un plan de Paris. *Paris, P. Landon*, 1806, 2 vol. in-8, fig., cart., non rog.

520. **Le Rouge.** Les Curiositez de Paris. Réimprimées d'après l'édition originale de 1716, par les soins de la Société d'encouragement, pour la propagation des livres d'art. *Paris, au siège de la Société*, 1883, gr. in-8, fig., dos et coins toile, non rog.

521. **Lespinasse** (Mlle de). Lettres écrites depuis l'année 1773 jusqu'à l'année 1779 (publiées par Madame Louise-Alexandrine de Guibert, avec une préface par B. Barère de Vieuzac). *Paris, L. Collin*, 1809, 2 vol. in-8, cartonn., non rognés.

522. **Longus.** Daphnis et Chloé, traduction d'Amyot, précédée d'une préface par Alexandre Dumas fils. *Londres, Louis Glady*, 1878, in-16, mar. rose pâle, jans., dent. int., tête dor., ébarbé, couverture. (*Gruel.*)

Cette édition, imprimée à petit nombre d'exemplaires, est la reproduction exacte de l'édition originale de 1559.

Curiosité bibliographique, imprimée, en rouge et bleu, sur papier Turkey Mill.

On a ajouté à cet exemplaire une lettre autographe d'Alexandre Dumas fils (2 pages in-8) relative à la publication de cette édition.

523. **Maillard** (Firmin), 5 vol.

Recherches historiques et critiques sur la Morgue. *Paris, Ad. Delahays*, 1860, in-12, cartonn. toile. — Élections des 26 mars et 16 avril 1871. Affiches, professions de foi. Documents officiels; clubs et comités pendant la Commune.

Paris, Dentu, 1871, in-12, cartonn. toile. (*Couvert.*) — Histoire des journaux publiés à Paris pendant le Siège et la Commune. *Paris, Dentu*, 1891, in-12, cartonn. toile. (*Couvert.*) — Les Publications de la Rue pendant le Siège et la Commune. *Paris, Aubry*, 1874, in-12, demi-rel. chag. rouge. — Les derniers bohêmes. *Paris, Sartorius*, 1874, in-12, cartonn. toile brune, non rogné.

524. **Marot** (Clément). Œuvres. *Lyon, N. Scheuring*, 1869-1870, 2 vol. in-8, portrait, dos et coins de mar. rouge, dos ornés, fil., têtes dor., non rogné. (*Raparlier.*)

Un des 50 exemplaires imprimés sur PAPIER DE HOLLANDE, texte encadré d'un filet rouge.

Réimpression de l'édition de 1544, due aux soins de M. A. Philibert-Soupé.

525. **Mémoire** du comte Jean Zamoyski, au sujet de la demande en cassation de son mariage, présentée à Rome, et de la demande en divorce introduite à Paris, par sa femme, Louise-Eugénie-Sophie-Élisabeth Pélissier de Malakoff, fille de Amable Pélissier duc de Malakoff, maréchal de France, et de Sophie, marquise de la Paniega. *Vienne*, 1886, 2 vol. in-12, demi-rel. chag. bleu, tête jaspée, ébarbés.

Mémoire des plus curieux, tiré à très petit nombre et qui n'a été distribué qu'à quelques personnes.

526. **Montaigne**. Les Essais, réimprimés sur l'édition originale de 1588 avec notes, glossaire et index par MM. H. Motheau et D. Jouaust, et précédés d'une note par M. S. de Sacy. *Paris, Librairie des Bibliophiles*, 1873-1880, 4 vol. in-8, portrait gravé à l'eau-forte par Gaucherel, dos et coins de mar. vert, jans., tête dor., ébarbés. (*Gruel.*)

Exemplaire imprimé sur PAPIER WHATMAN, avec 2 portraits de Montaigne, ajoutés, d'après *Couché* et *Recel*.

527. **Napoléon I**er. Giulio, conte sentimental improvisé par l'Empereur Napoléon. *Paris, Hubert*, 1852, pet. in-12 de 72 pages, figure gravée sur bois, cartonn. toile, non rogné. (*Couvert.*)

Ouvrage apocryphe dont l'auteur est inconnu.

528. **Napoléon I**er. Le Retour de l'Empereur, par Victor Hugo. *Paris, Delloye*, 1840, in-8 de 30 pages, cartonn. (Édition originale.) — Funérailles de l'Empereur Napoléon. Relation officielle de la translation de ses restes mortels, depuis l'Ile Sainte-Hélène jusqu'à Paris, et description du convoi funèbre, illustrée par des gravures sur bois. *Paris, Curmer*, 1840, gr. in-8 de 32 pages, cartonn. — Légende de Napoléon le Grand, ou les phases de sa destinée dans chaque mois, par Eug. Roch. *Paris, s. d.*, front. 8 pages et 2 tableaux, cartonn. — Poésie sur la mort du fils de Bonaparte, par M. Lassailly. *Paris, Renduel*, 1832, in-8 de 16 pages, cartonn. — Le Martyre de Napoléon Ier, drame héroïque en 3 actes, par Léon Zacharie. *Lyon*, 1866, in-12, cartonn. toile bleue. — Ensemble 5 plaquettes.

529. **Napoléon III**. Les Armes de Napoléon, documents authentiques et complémentaires des titres de la dynastie napoléonienne, démontrant la légitimité nationale de l'Empire par la consultation signée des noms les plus illustres du Barreau français. *Se trouve au Bureau de la publication*, 1868, gr. in-8, papier vélin, 62 pages, mar. rouge, fil. à froid, dent. int., doublure et gardes en soie verte moirée tr. dor. (*Armoiries impériales sur le premier plat de la reliure*.)

530. **Napoléon III**. Des Idées Napoléoniennes, par le prince Napoléon-Louis Bonaparte. *Paris, Paulin*, 1839, pet. in-12 de 160 pages, portrait de Napoléon Ier, cartonn. toile, ébarbé. (*Couvert.*)

Première édition de cet exposé rapide des idées, qui ont présidé à l'organisation du premier Empire.

531. **Napoléon III**. Le prince Napoléon à Strasbourg, ou relation historique des événements du 30 octobre 1836, par M. Armand Laity. *Paris*, 1838, in-8 de 78 pages, cartonn. en satin broché. — Les grands procès politiques, Strasbourg et Boulogne, d'après les documents authentiques, par Alb. Fermé. *Paris, Arm. Le Chevalier*, 1868, 2 vol. in-12, demi-rel. bas. rouge et chag. brun. — Ens. 3 vol.

532. **Napoléon III**. La Couronne impériale. Satire à Louis Napoléon, par Cahaigne. *Jersey*, 1853, in-8 de 82 pages. — Le Romancero de l'Impératrice, traduit de l'espagnol par Th. Chéron de Villiers. *Bordeaux*, 1854, in-8 de 100 pages. — Numéro satirique de la Revue comique sur Louis Napoléon. — Le Ménage impérial. Lui et Elle en apparence et en réalité, par L. Stapleaux. *Bruxelles*, 1871, in-8. — Biographie de Napoléon III et d'Eugénie de Montijo, 2 opusc. en 1 vol. pet. in-12. — Ensemble 5 vol. cartonnés ou reliés.

533. **Napoléon III**. S. A. Impériale monseigneur Napoléon Eugène-Louis-Jean-Joseph prince Impérial. Naissance et Baptême. XVI mars-XIV Juin M.D.CCC LVI. *Paris, L. Curmer* (*Impr. de J. Claye*), *s. d.*, in-4, mar. rouge, dos orné, large dent. à petits fers sur les plats, dent. int., doublure et gardes de soie verte moirée, tr. dor. (*Capé.*)

Recueil contenant les poésies suivantes : *Nativité*, par Théophile Gautier : *Napoléon IV*, par Barthelémy ; *Le Fils de l'Empire*, par Belmontet : *XVI Mars MDCCCLVI*, par Camille Doucet : *Le Berceau impérial*, par Clara Reynard : *A Napoléon IV*. *Le Prince impérial et la paix*, par Arbouse-Bastide, pasteur : *Pâque-fleurie*, par P. Diard : *Les Jeunes Mères du 16 mars*, par Évariste Thévenot : *Te Deum, 23 mars 1856 jour de Pâques*, par Gaston de Montheau : *Notre-Dame au Prince impérial*, par Mélanie Waldor : *Le Baptême du Prince impérial. Invocation*, par Martial Bretin. — *Baptême du Prince impérial*, par Ernestine Decarpenty : *L'Ère impériale*, par Edouard Bouscatel.

534. **Napoléon III**. Nouvelle lettre de Junius à son ami A.-D. Révélations curieuses et positives sur les principaux personnages de la

guerre actuelle. *Londres, Eug. Rascol, s. d.*, in-8 de 98 pages, cartonn. toile. — Trochu, gouverneur de Paris, découvert et mis à nu, par Galtier. La Fille Mathilde Bonaparte, femme Demidoff, par le citoyen Vindex; Le sieur Jérome Napoléon, ses maîtresses et ses débauches (par le même); La Femme Bonaparte, ses amants, ses orgies (par le même). 4 pamphlets en 1 vol. in-8, cartonné. — Ensemble 2 vol.

535. **Napoléon III**, tragédie en quatre actes, et en vers, pour être représentée dans cinquante ans, par un inconnu. *Paris, chez tous les Libraires*, 1875, in-12 de 78 pages, mar. vert foncé, jans., dent. int., tr. dor., couverture. (*Gruel.*)

Volume rare. Exemplaire auquel on a ajouté une figure gravée par Pauquet : *S. M. Eugénie, Souvenir de Notre-Dame, 29 janvier 1853.*

536. **Napoléon III**. Les Secrets des Bonaparte, par Ch. Nauroy. *Paris, Em. Bouillon*, 1889, in-12, demi-chag. bleu. — Sylvanecte. Souvenirs contemporains. La Cour impériale à Compiègne. *Paris, Charpentier*, 1884, in-12, demi-chag. rouge. — La Cour à Compiègne, confidences d'un valet de chambre (par P. D'Hormoys). *Paris, Librairie du Petit Journal*, 1866, in-12, demi-chag. rouge. — Le Mémorial de Napoléon III, par A. Chenu. *Paris, A. Ghio*, 1872, in-12, cartonn. demi-toile. — Le Prince impérial (Napoléon IV), par le comte d'Hérisson. *Paris, P. Ollendorff*, 1890, in-12, demi-chag. rouge. — Ensemble 5 volumes.

537. **Régnier**. Œuvres. Édition Louis Lacour, imprimées par D. Jouaust. *Paris, Académie des Bibliophiles*, 1867, in-8, vélin blanc, tête dor., double fermoir en cuivre.

Un des 15 exemplaires imprimés sur papier Whatman, au nom de M. Arnauldet, avec prospectus et annonces de cette édition, placés en tête du volume. On y a joint : *Quelques pièces attribuées à Régnier, tirées du Parnasse satirique.* Paris, Librairie des Bibliophiles, s. d., br. in-8 de 16 pages.

538. **Révélations parisiennes**. Laides figures et jolis visages, par le comte Fosco. *S. l. n. d.* (1872) (*Genève, Impr. Vérésoff et Garrigues*), in-8, cartonn. toile.

Études satiriques sur les personnages politiques ayant contribué aux événements de 1870-1871.

539. **Rogeard**. Les Propos de Labiénus. *S. l. n. d.* (1853), in-12 de 20 pages, demi-rel. mar. rouge, tr. marb. (*Pouget.*)

Pamphlet dirigé contre Napoléon III. Rare.

540. **Ronsard**. Œuvres complètes, nouvelle édition, publiée sur les textes les plus anciens, avec les variantes et des notes par M. Prosper Blanchemain, 7 vol. — Études sur la vie de P. de Ronsard, par P. Blanchemain, 1 vol. *Paris, P. Jannet*, 1857-1867. — Ensemble 8 vol. pet. in-12, dos et coins de mar. rouge, têtes dor., ébarbés. (*David.*)

541. **Scholl** (Aurélien). Dictionnaire féodal, recueilli et mis en ordre avec introduction et commentaires. *Paris, Librairie Nouvelle, s. d.* (1869), in-32, cartonn. demi-vélin blanc, couvert. (*Pierson.*)

Édition originale, très rare.
Envoi d'auteur à M. Charette.

542. **Sterne**. Voyage sentimental de Sterne, suivi des lettres d'Yorick à Élisa, traduction nouvelle par Paulin Crassous, accompagnée de notes historiques et critiques. *Paris, Didot, an IX* (1801), 3 vol. in-18, dos et coins de mar. La Vall., fil., dos ornés, têtes dor., ébarbés.

Papier vélin.

543. **Taine** (H.). Notes sur Paris. Vie et opinions de M. Frédéric-Thomas Graindorge. Deuxième édition. *Paris, L. Hachette*, 1867, pet. in-8, cartonn., demi-mar. noir, non rog. — Paris Moderne. Revue littéraire et artistique. *Paris, L. Vanier*, 1881-1883, 2 tomes en 1 vol. in-8, cartonn. demi-toile.

544. **Taine** (H.). Voyage en Italie. (Naples, Rome, Florence et Venise). *Paris, Hachette*, tome Ier, 1872; tome II, 1866, 2 vol. in-8, demi-rel. vélin blanc, non rog. (*Lemardeley.*)

545. **Vaudin** (J.-F.). Gazetiers et gazettes. Histoire critique et anecdotique de la Presse parisienne. *Paris, E. Dentu*, 1860-1863, 2 vol. in-12, cartonn. toile, non rog. (*Couvert.*)

1re et 2e années.

546. **Vermesch**. Le Grand testament du sieur Vermesch (journaliste, rédacteur du *Père Duchesne*, pendant la Commune de Paris en 1871). *En vente chez l'auteur, rue de Seine, 27*, 1868, in-12 de 70 pages, cartonn. toile grise, non rogné, couvert. (*Pierson.*)

Édition originale, imprimée à petit nombre.

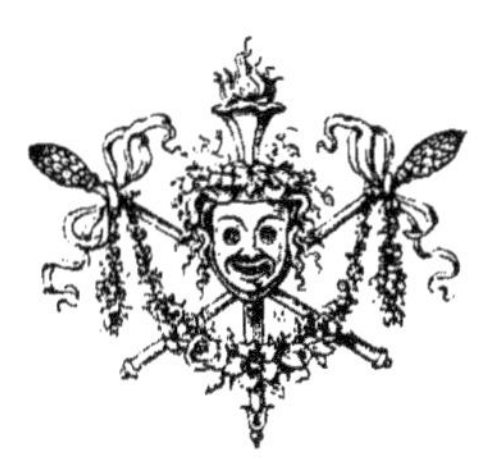

BEAUX-ARTS

547. **Babelon** (Ernest). Histoire de la gravure sur gemmes en France, depuis les origines jusqu'à l'époque contemporaine. Ouvrage illustré de gravures dans le texte et de 22 planches en phototypie. *Paris, Société de propagation des livres d'art*, 1902, gr. in-8, broché.

Exemplaire numéroté.

548. **Bapst** (Germain). L'Orfèvrerie française à la cour de Portugal au XVIIIe siècle. *Paris, Société d'encouragement pour la propagation des livres d'art*, 1892, in-4° de 46 pages, et 22 planches contenant 75 sujets en héliogravure, en feuilles dans une couverture.

549. **Beaux-Arts.** 4 vol.

Définition élémentaire de quelques termes d'architecture, par M. Caumont. *Paris, Derache*, 1846, in-8, vélin blanc. — Objets d'art faux, pris pour vrais, et vice versa, par le Dr Foresi. *Paris*, 1868, in-8, br. — Notes et causeries sur l'art et les artistes par Ch. Timbal. *Paris, E. Plon*, 1881, in-12, cartonn., demi-toile. — Description de l'Académie royale des Arts de peinture et de sculpture par son secrétaire Nicolas Guérin, publiée par M. Anatole de Montaiglon. *Paris*, 1893, gr. in-8, portraits, br.

550. **Bonnaffé** (Edmond). Les Collectionneurs de l'ancienne Rome et de l'ancienne France. Notes d'un amateur. *Paris, Aug. Aubry*, 1867-1873, 2 vol. pet. in-8, cartonn. toile, non rog., couvert. (*Pierson*.)

Le premier ouvrage est imprimé sur PAPIER DE COULEUR.
De la collection Arnauldet.

551. **Bonnaffé** (Edmond). Le Meuble en France au XVIe siècle, ouvrage orné de cent vingt dessins. *Librairie de l'Art. Paris, J. Rouam, Londres, Gilbert Wood et Cie*, 1887, in-4, cartonn., non rogné.

552. **Burty** (Philippe). Paul Huet. Notice biographique et critique, suivie du catalogue de ses œuvres exposées en partie dans les salons de l'Union artistique. *Paris, place Vendôme 18 (Impr.*

J. Claye, 1869, in-8, vélin blanc, dos orné, filet et fleuron sur les plats, tête rouge. (*Behrends.*)

Exemplaire sur PAPIER DE HOLLANDE, avec une eau-forte originale de *Paul Huet*. Envoi et lettre autographes de P. Burty à M. Paul Arnauldet.

553. **Champfleury**. Histoire des Faïences patriotiques sous la Révolution. *Paris*, *Dentu*, 1867, in-8, fig., dos et coins de mar. rouge, tête dor. (*Pouget.*)

ÉDITION ORIGINALE.

554. **Collection** de S. A. le Duc de Berwick et d'Albe. Tableaux, tapisseries, gravures anciennes et modernes de différentes écoles. *Paris*, *Clément*, *Haro et Bloche*, *experts*, 1877, in-4, dos et coins cuir de Russie, tête dor, ébarbé.

32 planches en photogravure de Goupil et 33 marques et monogrammes. Exemplaire imprimé sur PAPIER DE HOLLANDE, monté sur onglets, auquel on a ajouté 5 eaux-fortes de *Greux*, *Lalauze*.

555. **Destailleur** (H.). Notices sur quelques artistes français, architectes, dessinateurs, graveurs du XVIe au XVIIIe siècle. *Paris*, *Rapilly*, 1863, in-8, papier vergé, dos et coins cuir de Russie, fil. à froid, tête dor, non rogné. (*Pouget.*)

556. **Didot** (Firmin). Essai typographique et bibliographique sur l'histoire de la gravure sur bois. *Paris*, 1863, in-8, cartonnage japonais, non rog. — La gravure à l'eau-forte. Essai historique par Raoul de Saint-Arroman. Comment je devins graveur à l'eau-forte, par le comte Lepic. *Paris*, *Vve Cadart*, 1876, in-8, portrait, carton. toile.

557. **Didron aîné**. Manuel des œuvres de bronze et d'orfèvrerie du moyen âge. Dessins de L. Gaucherel, gravures de E. Mouard. *Paris*, *Victor Didron*, 1859, in-4, dos et coins de mar. vert, tête dor, non rogné. (*Pouget.*)

558. **Dubois** (Pierre). Collection archéologique du prince Pierre Soltykoff. Horlogerie. Description et iconographie des instruments horaires du XVIe siècle, précédées d'un abrégé historique de l'horlogerie au moyen âge et pendant la Renaissance, par Pierre Dubois. *Paris*, *Victor Didron*, 1858, in-4, fig., dos et coins de mar. brun, tête dor.

559. **Ephrussi** (Charles). Étude sur le triptyque d'Albert Durer dit le Tableau d'autel de Heller, avec 25 gravures hors texte. *Paris*, *Impr. de D. Jouaust*, 1876, in-4, papier vergé de Hollande, fig., dos et coins cuir de Russie, tête dor, ébarbé. (*Pouget.*)

Envoi d'auteur.

560. **Ephrussi** (Charles). A propos de Vittore Pisano de M. Aloïss Heiss. — Exposition des œuvres de M. Paul Baudry, organisée par

l'Union centrale des arts décoratifs. *Paris, Impr. de A. Quantin*, 1881-1882, 2 opuscules de 16 et 36 pages, fig., en 1 vol. gr. in-8, demi-toile brune, non rog. (*Lemardeley*.)

Extraits de la *Gazette des Beaux-Arts*.

Le premier ouvrage est imprimé sur PAPIER DE HOLLANDE. Le second, imprimé sur papier vélin ; tous deux, avec envoi autographe de l'auteur.

561. **Exposition universelle de 1878**. Les Beaux-Arts et les arts décoratifs, sous la direction de M. L. Gonse, rédacteur en chef de la Gazette des Beaux-Arts. (L'art moderne. — L'art ancien.) *Paris, Gazette des Beaux-Arts*, 1879, 2 vol. gr. in-8, fig., cartonn. toile grenat, non rognés.

Nombreuses illustrations, gravures et eaux-fortes.

562. **Fontenay** (Eug.). Les Bijoux anciens et modernes, préface par M. Victor Champier. *Paris*, 1887, gr. in-8, fig., cartonn. toile bleue, non rog.

Ouvrage illustré de 700 dessins inédits, exécutés par *M. Saint-Elme Gautier*, sous la direction de l'auteur.

Un des exemplaires numérotés, réservés pour les membres du Comité de la Société d'encouragement pour la propagation des livres d'art.

563. **Garnier** (Ed.). Histoire de la Céramique, poteries, faïences et porcelaines chez tous les peuples, depuis les temps anciens jusqu'à nos jours, illustration d'après les dessins de l'auteur. *Tours, Alfr. Mame et Fils*, 1882, in-8, fig., broché.

Exemplaire imprimé sur PAPIER VERGÉ DE HOLLANDE.

564. **Grandidier** (Ernest). La Céramique chinoise. Porcelaine orientale : date de sa découverte ; explication des sujets de décor ; les usages divers ; classification. *Paris, Firmin Didot*, 1894, in-4 en feuilles, renfermé dans le cartonnage de l'éditeur, toile rouge.

Publication de grand luxe, reproduisant, par l'héliogravure de Dujardin, 124 pièces de la collection de l'auteur, qui, après la publication de cet ouvrage, a fait don de sa collection au Musée du Louvre.

Un des 30 exemplaires imprimés sur PAPIER DU JAPON avec envoi de l'auteur.

565. **Guiffrey** (Jules). Inventaire général du mobilier de la couronne sous Louis XIV (1663-1715). *Paris*, 1883, 2 vol. gr. in-8, nomb. illust., cartonn. toile brune, non rognés.

Un des exemplaires imprimés pour les membres du Comité de la Société d'encouragement pour la propagation des livres d'art.

566. **Harrisse** (Henry). Louis Boilly, peintre dessinateur et lithographe, sa vie et son œuvre, 1761-1845. *Paris, Société de propagation des livres d'art* (*Évreux, Impr. de Charles Hérissey*), 1898, in-4, broché.

Étude biographique et critique, illustrée de 20 planches hors texte, et de figures dans le texte reproduisant les œuvres les plus célèbres du Maître et suivie d'une description de 1360 tableaux, portraits, dessins et lithographies de cet artiste.

On a ajouté à cet exemplaire une photographie représentant le tableau : La Réunion d'artistes dans l'atelier d'Isabey, et un croquis à la plume, fait par M. H. Harrisse, donnant un portrait du peintre!

567. **Havard** (Henry). L'Art à travers les mœurs. Illustrations par C. Goutzwiller. *Paris, G. Decaux et A. Quantin*, 1882, gr. in-8, fig. hors texte et dans le texte, cartonn. toile grenat, non rog. (*Couvert.*)

ÉDITION ORIGINALE, publiée sous les auspices de la *Société d'encouragement pour la propagation des livres d'art.*

568. **Histoire du portrait** en France, par Raphael Pinset et Jules d'Auriac. *Paris, Société d'encouragement pour la propagation des livres d'art*, 1884, gr. in-8, fig., cartonn. toile rouge, non rogné.

Exemplaire de membre de la *Société d'enc. pour la propag. des livres d'art.*

569. **Jacquemart et Le Blant.** Histoire artistique, industrielle et commerciale de la Porcelaine, accompagnée de recherches sur les sujets et emblèmes qui la décorent, les marques et inscriptions qui font reconnaître les fabriques d'où elle sort, les variations de prix qu'ont obtenus les principaux objets connus et les collections où ils sont conservés aujourd'hui, par Albert Jacquemart et Edmond Le Blant. *Paris, J. Techener*, 1862, in-fol., pl., dos et coins de mar. grenat, tête dor., ébarbé. (*E. Pouget.*)

Ouvrage enrichi de 28 planches, gravées à l'eau-forte par *Jules Jacquemart.*

570. **Mareschal** (A.). La Faïence populaire au XVIIIe siècle, sa forme, son emploi, sa décoration, ses couleurs et ses marques. *Paris et Beauvais*, 1872, gr. in-8, cart. de l'éditeur.

Ouvrage orné de 122 planches, dont 104 en couleur d'après les pièces originales, dessinées et chromolithographiées sur fond teinté.

571. **Monval** (Georges). Les Collections de la Comédie-Française, catalogue historique et raisonné, préface de M. Jules Claretie. *Paris, Société de propagation des livres d'art* (*Impr. Lahure*), 1897, in-8, fig., broché.

572. **Œuvre** (L') et la vie de Michel-Ange, dessinateur, sculpteur, peintre, architecte et poète, par MM. Ch. Blanc, Eug. Guillaume, P. Mantz, Ch. Garnier, Mézières, A. de Montaiglon, G. Duplessis et L. Gonse. *Paris, Gazette des Beaux-Arts*, 1876, gr. in-8, fig. dans le texte et gravures hors texte, cart. en percal. blanche, non rog.

Un des 70 exemplaires imprimés sur PAPIER DE HOLLANDE, gravures hors texte AVANT LA LETTRE; 4 de ces gravures sont en double tirage sur JAPON.

En tête on a ajouté les discours de Charles Blanc et de Meissonier, prononcés à Florence le 13 septembre 1875, à l'occasion de la célébration du quatrième centenaire de Michel-Ange.

573. **Parrocel** (Étienne). Annales de la Peinture. *Paris, Ch. Albessard*, 1862, in-8, cartonn. demi-toile (Envoi de l'auteur à Th. Gautier). — L'Émail des peintres, par Claudius Popelin. *Paris, A. Lévy*, 1866, in-8, papier de Hollande, fig., cartonné. (Envoi d'auteur.)

574. **Popelin** (Claudius). Les vieux arts du feu. Deuxième édition. *Paris, Alph. Lemerre, s. d.* (1878), gr. in-8, fig., cartonn., dos et coins de mar. bleu, non rogné. (*Lemardeley.*)

Papier vélin; texte encadré d'un filet rouge.
Le frontispice et 5 des fleurons sont peints, avec soin, à l'aquarelle.
Envoi de l'auteur sur le faux-titre.

575. **Recueil de dessins** pour l'Art et l'Industrie, gravés par E. Collinot et Adalbert de Beaumont. *S. l. n. d.* (*Paris, Impr. Delattre*), 3 vol. gr. in-fol., demi-rel. chag. vert.

Collection de 234 planches, gravées à l'eau-forte, de sujets pris au Japon, en Perse, en Chine, en Italie, art arabe, en Égypte. (Calligraphie, miniatures de manuscrits, casques et armures, bois sculptés, fleurs, animaux, bronzes, plafonds, parquets, etc.)

576. **Rich** (Anthony). Dictionnaire des antiquités romaines et grecques, par Anthony Rich, traduit de l'anglais sous la direction de M. Chéruel. *Paris, Firmin-Didot*, 1861, pet. in-8 à 2 col., 2 000 gravures d'après l'antique, dos et coins de chag. rouge, tête dor., ébarbé.

577. **Rio** (A.-F.). De l'Art chrétien. Nouvelle édition, entièrement refondue et considérablement augmentée, 4 vol. — Épilogue à l'Art chrétien (par le même), 2 vol. *Paris, Hachette*, 1861-1872, 6 vol. in-8, demi-rel., veau violet, tr. jasp.

Ouvrage peu commun.

578. **Saunier** (Charles). Augustin Dupré, orfèvre médailleur, et graveur général des monnaies. Préface de M. O. Roty, membre de l'Institut. *Paris, Société de propagation des livres d'art* (*Typographie Firmin-Didot*), 1894, in-4, fig., broché.

Exemplaire imprimé sur papier du Japon, avec envoi d'auteur.

579. **Société d'aquarellistes français**. Expositions. Catalogues. *Paris, Impr. de D. Jouaust*, 1879; *H. Launette*, 1889, 11 vol. gr. in-8, fig., les 3 premiers vol. cartonn. demi-vélin blanc, les autres brochés. (*Couvert.*)

580. **Triqueti** (H. de). Les trois Musées de Londres : Le British Museum. — La National Gallery. — Le South Kensington Museum. Étude artistique et raisonnée de leurs progrès, de leurs richesses, de leur administration et de leur utilité pour l'instruction publique. *Paris*, 1861, in-8°, dos et coins de cuir de Russie, tête dor., non rogné.

Papier de Hollande.

581. **Thoré** (T.). Le Salon de 1846, précédé d'une lettre à George Sand. *Paris, Alliance des Arts*, 1846, in-12, cartonn. demi-vélin blanc. (*Couvert.*) — Chennevières (Le marquis de). Le Salon de peinture en 1880. *Paris, Impr. de A. Quantin*, 1880, gr. in-8 de 74 pages, cartonn. demi-toile. (*Couvert.*) (Extrait de la *Gazette des Beaux-Arts*, imprimé sur papier de Hollande.)

582. **Vie** (La) de Benvenuto Cellini écrite par lui-même, traduction Léopold Leclanché, notes et index de M. Franco. Illustrée de neuf eaux-fortes par F. Laguillermie et de reproductions des œuvres du maître. *Paris, A. Quantin*, 1881, in-8, broché.

583. **Viollet-le-Duc**. Dictionnaire raisonné du mobilier français, de l'époque carlovingienne à la Renaissance. *Paris, Morel*, 1858-1875, 6 vol. in-8, fig., dos et coins de mar. rouge, têtes dor., ébarbés, reliures non uniformes.

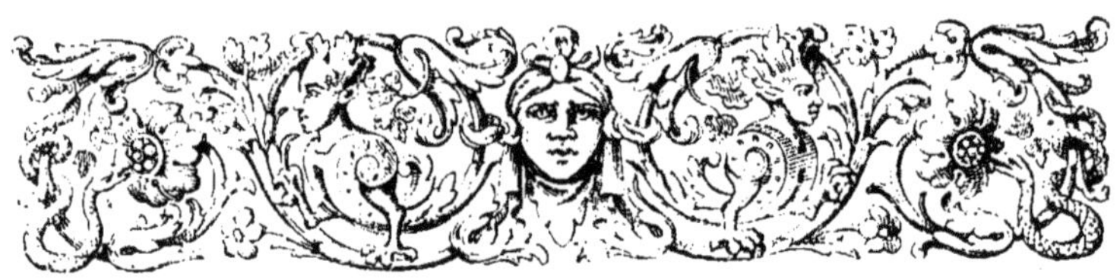

BIBLIOGRAPHIE

584. **Brivois** (Jules). Bibliographie des ouvrages illustrés du XIXe siècle. *Paris, P. Rouquette*, 1883, in-8, dos et coins de mar. rouge, fil., tête dor., ébarbé. (*Lemardeley.*)

585. **Clouard** (Maurice). Bibliographie des œuvres d'Alfred de Musset et des ouvrages, gravures et vignettes qui s'y rapportent. *Paris, P. Rouquette*, 1883, gr. in-8 de 98 pages, portrait d'Alfr. de Musset gravé à l'eau-forte, cartonn. demi-toile verte, non rogné.

586. **Cohen** (Henri). Guide de l'amateur des Livres à figures et à vignettes du XVIIIe siècle. *Paris, P. Rouquette*, 1876, in-8, dos et coins cuir de Russie, tête dor., ébarbé. (*Pouget.*)

Troisième édition.

587. **Gruel** (Léon). Manuel historique et bibliographique de l'amateur de reliures. *Paris, Gruel et Engelmann*, 1887, in-4, planches, broché.

Portrait de M. L. Gruel, tiré sur JAPON AVANT LA LETTRE, 68 planches en héliogravure et figures dans le texte.

588. **Michel** (Marius). L'Ornementation des reliures modernes, par MM. Marius Michel, relieurs-doreurs. *Paris, Marius Michel et fils*, 1889, in-4, vélin blanc, non rog.

Un des 50 exemplaires sur PAPIER VERGÉ DE HOLLANDE, ornés de 15 planches de reliures, hors texte, tirées sur JAPON.

589. **Nisard** (Charles). Histoire des livres populaires ou de la littérature du colportage. *Paris, Dentu*, 1864, 2 vol. in-12, dos et coins de chag. rouge, poli, tête dor., non rognés.

Mouillures au premier volume.

590. **Parran** (A.). Romantiques. Éditions originales, vignettes, documents inédits ou peu connus. Petrus Borel, Alexandre Dumas. *Alais, Impr. J. Martin*, 1881, in-8 de 72 pages, suivies de

VII pages pour la table, cartonn. demi-toile bleue, non rog., couverture. (*Lemardeley.*)

Exemplaire imprimé sur PAPIER DE HOLLANDE, orné des portraits de *Pétrus Borel* et d'*Alexandre Dumas*, gravés à l'eau-forte et publiés par *Cadart*.

591. **Parran** (A.). Romantiques. Éditions originales, vignettes, documents inédits ou peu connus, avec une figure de Tony Johannot, gravée par Porret, Honoré de Balzac. *Paris, P. Rouquette*, 1881, in-8 de 54 pages, figure sur chine, cartonn. demi-toile verte. (*Couvert.*)

592. **Tourneux** (Maurice). Théophile Gautier. Sa Bibliographie, ornée d'une eau-forte de M. H. Valentin. — Prosper Mérimée. Sa Bibliographie, ornée d'un portrait, gravé à l'eau-forte par M. Fr. Régamey. *Paris, J. Baur*, 1876, 2 vol. in-8, cartonn., papier japonais, non rognés. (*Couvert.*)

Imprimés à petit nombre.
Le second ouvrage est un des 6 exemplaires imprimés sur CHINE.

LIVRES ANCIENS

593. **Boileau**. Œuvres de Boileau Despréaux. *Paris, de l'Impr. de Didot l'aîné*, 1788, 3 vol. in-18, mar. vert, dos et plats semés de fleurs de lis, dent. int., tr. dor. (*Ve Niedrée*.)

De la *Collection des auteurs classiques français et latins, imprimée par ordre du roi pour l'éducation de Monseigneur le Dauphin.*
Exemplaire imprimé sur PAPIER VÉLIN.

594. **Castiglione**. Le parfait courtisan du comte Baltasar castillonnois es deux langues, respondans par deux colomnes, l'une à l'autre, pour ceux qui veulent avoir l'intelligence de l'une d'icelles. De la traduction de Gabr. Chapuis Tourangeau. *Lyon, pour Loys Cloquemin*, 1580, in-8 à 2 col. mar. rouge, fil. à froid sur le dos et les plats avec fleurons, dent. int., tr. dor. (*Capé*.)

Bel exemplaire de la première traduction française.

595. **Duclos**. Les Confessions du comte de... *Paris, de l'Impr. de Didot l'aîné*, 1781, 2 vol. in-18, mar. vert, fil. à froid, tr. dor. (*Anc. rel.*)

De la *Collection du comte d'Artois*.

596. **Dumortous**. Histoire des conquêtes de Louis XV, Tant en Flandre que sur le Rhin, en Allemagne et en Italie, depuis 1744 jusques à la paix conclue en 1748, ouvrage enrichi d'Estampes, représentant les sièges et batailles, et de plans des principales villes assiégées et conquises. *Paris, de Lormel*, 1759, in-fol., demi-rel. bas.

Frontispice de *Boucher*, gravé par *Lempereur*, donnant le portrait de Louis XV, fleurons, vignettes, culs-de-lampe et figures, gravés par *Eisen*, *Boquet*, etc.

597. **La Chau et Le Blond**. Description des principales pierres gravées du cabinet de S. A. S. Monseigneur le Duc d'Orléans, premier prince du sang. *Paris, chez l'abbé de La Chau, l'abbé Le Blond* et *chez Pissot*, 1780, 2 vol. in-fol., pl. gr., demi-rel. bas. violette.

Ouvrage orné d'un frontispice de *Cochin*, avec le portrait du duc d'Orléans, gravé par *Saint-Aubin*; 180 planches de médailles et 54 culs-de-lampe, dessinés et gravés par *Saint-Aubin*.
La planche 46 du second volume n'est pas de grandeur égale.
Légères taches.

598. **La Fontaine**. Fables choisies, mises en vers par J. de La Fontaine. Nouvelle édition gravée en taille-douce, les figures par le Sr Fessard, le texte par le sieur Montulay. Dédiées aux Enfants de France. *Paris, chez l'auteur, graveur ordinaire du Roy*, 1765-1775. 6 vol. in-8, fig., mar. vert, fil. à froid, dent. int., tr. dor. (*Rel. anc.*

Ouvrage orné de nombreuses figures, vignettes et culs-de-lampe gravés d'après les dessins de *Loutherbourg, Monnet, Desrais, Leprince*, etc.
Bel exemplaire recouvert d'une bonne reliure bien conservée.

599. **Œxmelin**. Histoire des aventuriers flibustiers qui se sont signalés dans les Indes, le tout enrichi de cartes et de figures en taille-douce, par Alex. Olivier Œxmelin. *Trévoux, par la Compagnie*, 1775, 4 vol. in-12, veau fauve, dos ornés, dent., tr. dor. (*Rel. anc.*)

Bel exemplaire.

600. **Rabelais**. Les Œuvres de M. François Rabelais, augmentées de la vie de l'auteur et de quelques remarques sur sa vie et sur l'histoire. Avec l'explication de tous les mots difficiles. *S. l.* (*Amsterdam, Elzevier*), 1663, 2 vol. pet. in-12, mar. bleu, fil. à fr. sur les dos et les plats, chiffre aux angles, dent. int., tr. dor.

Hauteur : 132 mill.
Jolie édition imprimée par Louis et Daniel Elzevier d'Amsterdam.

601. **Reliure** de la fin du XVIe siècle en mar. vert olive, jolie dent. à comp. sur les plats, bouquet de branchages et de feuillages aux angles, sur le premier plat, en médaillon, le *Christ en croix* et sur le second, *la Salutation angélique*.

Reliure transformée en buvard.

602. **Ruscelli** (Girolamo). Le imprese illustri di Jeronimo Ruscelli, aggiuntori nuavomente, il quarto libro da Vincenzo Ruscelli. *Venezia, Fr. Rampazzetto*, 1566, in-4°, fig., vélin.

Exemplaire incomplet du premier titre. Bel ex-libris de Pierre Bulteau de Préville, gravé par *P. Giffart*.

ORDRE DES VACATIONS

Première Vacation. — *Le Jeudi 26 Novembre 1903.*

Numéros 193 à 397.

Deuxième Vacation. — *Le Vendredi 27 Novembre 1903.*

Numéros 398 à 602.

Troisième Vacation. — *Le Samedi 28 Novembre 1903.*

Numéros 138 à 192.
Numéros 1 à 137.

Paris. — Typographie Ph. Renouard, 19, rue des Saints-Pères. — 43754.

www.ingramcontent.com/pod-product-compliance
Ingram Content Group UK Ltd.
Pitfield, Milton Keynes, MK11 3LW, UK
UKHW020341180726
13839UKWH00002B/842

9 782329 588674